中文社会科学引文索引（CSSCI）来源集刊

上海交通大学国际与公共事务学院
上海交通大学中国公益发展研究院
上海交通大学第三部门研究中心

U0513368

中国社会组织研究

徐家良／主编

CHINA
SOCIAL ORGANIZATIONS
RESEARCH

第 24 卷
Vol. 24 (2022 No.2)

社会科学文献出版社
SOCIAL SCIENCES ACADEMIC PRESS (CHINA)

主编的话

  值《中国社会组织研究》第 24 卷出版之际，有必要回顾上海交通大学中国公益发展研究院、第三部门研究中心自 2022 年 4 月至 2022 年 10 月在举办和参加学术会议、智库建设、科研和社会服务等方面所做的工作，概括为以下二十四件事。

  第一件事，参加多场国家社会科学基金项目或教育部人文社会科学项目申报交流会。3 月 4 日，应邀在上海交通大学国际与公共事务学院对国家社会科学基金申报项目进行点评讨论。3 月 9 日，应上海交通大学文科建设处邀请参加 2022 年度国家社会科学基金年度项目、青年项目校级评审会。3 月 18 日，在上海交通大学国际与公共事务学院分享国家社会科学基金结项相关经验。6 月 9 日，应中国矿业大学公共管理学院邀请作了题为"申报国家社科重点重大基金项目：经验与建议"的讲座。9 月 29 日，参加中国矿业大学国家社会科学基金重大项目和教育部哲学社会科学研究重大课题攻关项目申报交流会。10 月 2 日，参加上海交通大学国际与公共事务学院五个国家社会科学基金重大项目申报交流会。

  第二件事，召开相关课题研讨会。3 月 22 日上午，邀请相关政府部门官员和慈善组织负责人就第三次分配中如何发挥慈善组织作用议题召开研讨会。3 月 22 日下午，邀请慈善组织负责人就慈善组织数字化建设议题召开座谈会。4 月 8 日上午和下午、4 月 10 日上午、4 月 12 日上午、4 月 13 日上午和下午分别与有关基金会负责人和社会服务机构负责人访谈慈善组织数字化建设相关内容。5 月 12 日，召开慈善超市负责人座谈会。6 月 2 日，召开上海品牌社会组织负责人座谈会。6 月 15 日，召开成都社区社会组织负责人座谈会。6 月 29 日，召开"当代中国志愿服务前沿进展"主题研讨活动。7 月 8 日，召开"第三次分配背景下慈善组织治理与社会组织高质量发展"研讨会，围绕第三次分配、慈善组织参与社会治理、社会组织高质量发展三个议题展开。7 月 12 日，召开"第三次分配背景下慈善组织高质量发展路径"研讨会。7 月 21 日和 22 日，参加由无锡市民政局组织召开的政府有关部门和慈善组织座谈会，就第三次分配与慈善组织作用议题进行了研讨。

第三件事，围绕社区社会组织相关议题开展调研活动。5 月 24 日，召开上海社区社会组织负责人座谈会。6 月 15 日，召开成都社区社会组织发展研究研讨会。8 月 10 ~ 11 日，赴成都金牛区、郫都区就社区工作站（室）、社会组织服务中心站（点）资源整合体系建设、社区社会组织孵化培育和社区社会组织参与基层服务等情况开展调研。

第四件事，参加相关研讨会。5 月 6 日，参加第六届浙江省社会科学界学术年会，就"第三次分配与社会组织高质量发展"发表演讲。5 月 8 日，参加上海大学经济与社会第 11 届年会会议，作了题为"中国社会企业结构与认证"的发言。7 月 2 日，参加上海公益新天地三年行动规划研讨会。7 月 4 日，参加由中国发展研究基金会组织召开的增强中国城市发展韧性课题中期研讨会。9 月 5 日，应江苏省慈善总会邀请，参加江苏慈善论坛，作了题为"第三次分配与企业家的社会责任"的主旨演讲。9 月 24 日，参加由喀什大学举办的第二届帕米尔公益论坛（2022），作了题为"共同富裕、价值共创与东西部社会组织有机合作"的主旨演讲。

第五件事，召开慈善组织数字化公益峰会。5 月 20 日，由腾讯公益慈善基金会主办、上海交通大学中国公益发展研究院承办的 2022 年中国互联网公益峰会分论坛——中国大型慈善组织数字化建设研讨会在线上会议室召开。中国慈善联合会副会长刘忠祥、上海交通大学党委常务副书记顾锋和专家学者线上出席会议。我发布了《中国大型慈善组织数字化建设研究报告》。中国慈善联合会副秘书长张晓青，北京师范大学中国社会管理研究院院长李韬，北京农禾之家农村发展基金会理事长杨团，上海交通大学凯原法学院教授杨力，中央民族大学管理学院教授、基金会研究中心主任李健，上海工程技术大学管理学院教授吴磊，中国扶贫基金会秘书长陈红涛，上海市慈善基金会副秘书长赵小丹，北京易善信用管理有限公司总裁陶泽，灵析联合创始人兼 CEO 郭润苗，深圳市图鸥公益事业发展中心执行主任张强分别作了主旨演讲。

第六件事，参加课题开题评审会。5 月 23 日、8 月 12 日参加由北京市民政局组织的"共同富裕背景下的慈善体系建设研究"课题开题会和中期报告会。5 月 30 日，参加由中国扶贫基金会组织的"社会效益评价指标体系研究评选会"。

第七件事，祝贺李景鹏教授九十寿诞。6 月 12 日，参加庆祝北京大学政府管理学院李景鹏教授九十寿诞活动，听取李景鹏教授分享治学之道。

第八件事，作学术讲座。6 月 17 日，由苏州大学东吴智库主办的"政府购买服务何以有效？——理论与实践的多维考察"第二十三期东吴智库学者沙龙在线上举行，我发表了题为"第三次分配与政府购买服务第三方评估"的演讲，探讨政府购买服务第三方评估需要厘清的基本问题，并提出相应政策建议。6 月 29 日，应山东工商学院邀请为该学院党政领导作了题为"慈善法修改与慈善事业高质量发展"的讲座。7 月 2 日，应郑州大学公共管理学院邀请作了题为"政府购买服务绩效评估"的讲座。

第九件事，参加本科招生面试。6 月 18 日，作为本科招生考试专家参加 2022 年上海交通大学本科招生面试。

第十件事，召开国家社会科学基金重大项目专题研讨会。7 月 7

日，邀请相关高校的教授专家就国家社会科学基金重大项目"慈善组织治理与监督机制研究"的结项书稿进行深入讨论。

第十一件事，协助举办民政部培训班。7 月 18 日，由上海市民政局指导，上海交通大学教育发展基金会、上海交通大学中国公益发展研究院主办的 2022 年中央财政支持社会组织参与社会服务示范项目——高质量发展上海社区社会组织专业人才培训班在上海交通大学长宁校区终身教育学院举行开班仪式。上海交通大学党委常务副书记顾锋、民政部政策研究中心主任王杰秀、中共中央党校（国家行政学院）教授刘志伟、上海市民政局社会组织服务处处长赵宇、上海市民政局社会服务机构管理处处长马继东、上海交通大学国际与公共事务学院院长吴建南、上海交通大学教育发展基金会秘书长程骄杰、上海交通大学终身教育学院院长胡洁出席。8 月 14 日至 20 日举办第二期、10 月 11 日至 27 日举办第三期，本年度培训人数共计 300 人以上。培训班采用集中授课、主题讨论、实地参访和案例教学的方式，旨在让培训学员进一步熟悉社会组织相关政策法规，掌握社会组织专业工作知识和技能，为社区社会组织培养一批专业人才，为社区社会组织高质量发展提供原动力。

第十二件事，参加国家社会科学基金重大项目开题会。7 月 3 日，应邀参加中共中央党校（国家行政学院）由褚松燕教授作为首席专家的国家社会科学基金重大项目开题会。

第十三件事，参加职业技能标准认定会议。7 月 7 日，应邀参加《劝募员国家职业技能标准（征求意见稿）》终审会，根据相关内容提出了可行性意见和建议。

第十四件事，参加民政部基地汇报会。7 月 22 日，参加由民政部政策研究中心组织召开的民政部政策理论研究基地汇报会，代表上海交通大学基地汇报了 2021 年的相关工作，得到民政部政策研究中心领导的肯定和认可。

第十五件事，参加基金会座谈会。8 月 2 日，在乌鲁木齐市参加新疆红石慈善基金会、新疆生产建设兵团红石慈善基金会举办的座谈会，就慈善组织内部治理、能力建设、志愿服务和项目运行等问题进行研讨。

第十六件事，参加社会组织培训班授课。7月19日，为2022年中央财政支持社会组织参与社会服务示范项目——高质量发展上海社区社会组织专业人才培训班讲授"上海市中国特色社会组织发展之路与上海慈善事业发展"课程。8月4日，江苏省民政厅举办省级社会组织业务主管单位暨全省社会组织管理业务培训班，我应邀作了"当前社会组织发展的形势与定位"的主题讲座。8月10日，为江苏省社区社会组织骨干培训项目讲授"社区自治的边界"课程。

第十七件事，获得奖项。7月25日，上海市第十五届哲学社会科学优秀成果奖获奖名单发布，主要由我撰写的《改革开放后上海社会组织创新发展研究》获二等奖。

第十八件事，参加慈善奖评选。我当选上海市人民政府首届"上海慈善奖"评选表彰委员会委员。8月12日，参加"上海慈善奖"初选评审会，9月26日参加"上海慈善奖"终审评审会，评审出慈善楷模、慈善项目和慈善信托，捐赠企业和捐赠个人。

第十九件事，围绕社区民政进行课题调研。受民政部委托承担"社区民政整体合力和综合效能研究"项目，持续进行座谈和现场考察。8月18日，在上海市长宁区仙霞街道进行调研。8月22～25日，在浙江省宁波市、杭州市调研社区综合体建设。9月6～14日，在江苏省苏州市、太仓市、无锡市持续调研社工站和基层社会治理的工作成效。9月22日，在上海市宝山区开展社区通专题调研。

第二十件事，参加基金会发展规划的讨论。8月17日，与上海市慈善基金会和相关第三方机构讨论基金会发展规划问题。

第二十一件事，参加北京大学校友会活动。9月5日，应邀参加2022北京大学全球金融论坛（南京），主持"共同富裕背景下的社会创新与金融创新"分论坛活动，分论坛共有四位嘉宾作了发言。

第二十二件事，博士后出站和由我指导的研究生毕业。9 月 23 日，张其伟博士后出站，王昱晨博士毕业，张倩、王路平硕士毕业。出站后，张其伟担任上海交通大学国际与公共事务学院助理研究员。9 月 30 日，2022 年国家社会科学基金年度项目和青年项目立项结果公布，张其伟获得国家社会科学基金青年项目。

第二十三件事，参加社会组织评估。8 月 30 日、9 月 1 日，参加民政部全国性社会组织评估。通过参与评估，我了解了全国性社会组织评估的情况，掌握了第一手的评估数据。

第二十四件事，参加慈善信托活动。9 月 23 日，应邀参加由招商银行上海分行、山东省国际信托股份有限公司、爱佑慈善基金会主办的活动，作了题为"中国慈善的前世今生 未来中国慈善的发展之路"的专题演讲。

通过梳理以上工作，上海交通大学中国公益发展研究院和第三部门研究中心做了一些实事，在国内外发挥着积极作用。

本期主题论文有七篇。第一篇论文由苏州大学政治与公共管理学院教授施从美、苏州大学政治与公共管理学院硕士研究生吉蓉所写，题目为"'三圈理论'视域下青年粉丝参与公益服务的效能困境与策略研究"。青年粉丝的公益参与行为既是推动"粉丝公益"的前提条件，也是助力"粉丝公益"深化发展的内在动力。该文建构的"三圈理论"解释框架尝试从价值、能力和支持三个方面分析"粉丝公益"。青年粉丝动机多元性与社会共识的观念冲突、管理方法和技巧缺失、创新能力偏弱以及社会力量嵌入不足等是制约"粉丝公益"参与效能的关键因素。文章提出从嵌入性激活、选择性吸纳和适度性控制三个方面增强青年粉丝的共同价值，推动管理和创新能力升级，积极争取社会多方力量的支持。

第二篇论文由首都师范大学管理学院教授刘亚娜、北京师范大学政府管理学院博士研究生谭晓婷所写，题目为"大学生志愿服务的三力机制及治理启示"。该文通过深度访谈具有典型代表性的 50 位"鸟巢世代"志愿者，基于扎根理论开展质性研究，提炼出大学生志愿服务的三力机制：动力机制是基点和起点，是能力机制发生的基础和必要前提；能力是关键内核，对行为及功能实现起决定性作用；保障力机制是能力机制的重要支持，为良好服务的实现提供强有力的保障并对系统功能起到调节作用。志愿服务治理体系发展需秉承开放与包容、志愿文化传承与公共精神发扬、社会参与等价值理念，形成动力来源稳固、综合能力强、保障切实有效的内外整体系统有机协同的治理要素体系以及多元主体参与、三力协同、全流程动态完善的运行机制。

第三篇论文由重庆廉政研究中心研究员、重庆工商大学法学与社会学学院教授李喜燕，重庆工商大学法学与社会学学院讲师张东所写，题目为"慈善捐赠动机现状及其影响因素——基于 926 份调查问卷的统计分析"。捐赠动机是影响捐赠行为的关键因素，促进慈善捐赠需有效激发慈善捐赠动机。该文以纯粹利他性动机、物质利益动机、精神利益动机和社会利益动机为前提假设，在对 926 份问卷调查数据进行实证分析的基础上，明确了当前居民的慈善捐赠动机现状及影响因素。该文发现，当前人们的捐赠动机是多元的，纯粹利他性动机和非利他性动机共存，且存在显著的正相关性。不同类型慈善捐赠动机的影响因素存在显著差异，同一个影响因素对不同类型的捐赠动机的影响存在显著差异。从性别来看，女性具有更高的纯粹利他性、物质利益和精神利益动机水平；在社会利益动机上不存在显著的性别差异。从年龄来看，年龄与纯粹利他性动机并无显著关系，与非利他性动机显著负相关。从受教育程度来看，专科学历者的纯粹利他性和社会利益动机水平更高。从家庭收入来看，家庭收入与物质利益和精神利益动机显著正相关，与纯粹利他性和社会利益动机不相关。因此，激发慈善捐赠动机需要充分考虑不同群体的物质利益、精神利益和社会利益动机，注重群体差异，以实现慈善捐赠精准激励。

第四篇论文由中山大学传播与设计学院副教授周如南、中山大学传播与设计学院博士后李敏锐、香港中文大学硕士研究生霍英泽所写，题目为"社会组织孵化器的区域生态与功能转向——基于珠三角地区培育模式的比较分析（2010～2020）"。由不同党政部门主导建设、多元主体参与运营的各类社会组织培育基地成为党和政府培育社会组织的重要抓手。该文回顾了十年间（2010～2020）珠三角地区社会组织培育基地的阶段性发展历程，以广州、深圳、顺德三地为例，展现了民政部门、政法委（社工委）、群团组织参与建设的社会组织培育基地在发起脉络、运营主体、培育目标上的差异，以及伴随着国家政策变迁和行政体制改革产生的相应转向，从类型学意义上提出了多样化的社会组织培育路径，并对未来社会组织的培育方向做出展望。

第五篇论文由山东工商学院公共管理学院（公益慈善学院）副院长、副教授王鑫，山东工商学院公共管理学院（公益慈善学院）硕士研究生宋丽朱，山东工商学院公共管理学院（公益慈善学院）讲师、公益慈善教研室主任武幺所写，题目为"基金会信息披露质量的影响因素分析——基于山东省基金会的实证检验"。基金会信息披露质量是保护捐赠者利益、促进慈善事业健康发展的关键要素。该文基于山东省101家基金会2016～2020年的年度报告数据，从组织特征、组织活动和组织治理三方面考察其与基金会信息披露质量之间的关系。该文发现，基金会专职人员规模和成立党支部对基金会信息披露质量产生显著的正向积极作用；公益项目和管理费用支出占比、理事会和监事会规模对信息披露质量虽有负向影响但不显著。

第六篇论文由山东农业大学公共管理学院讲师武静所写，题目为"合作治理视角下社会影响力投资的模式及机制研究——基于多案例的考察"。该文根据合作治理理论，采用多案例比较研究方法将社会影响力投资的模式划分为政府主导模式、社会组织主导模式和企业主导模式。这三种模式在投资动力机制、资源配置机制和主体合作机制等方面具有不同的特征，在组织个体维度和生态系统维度具有不同的适用条件与潜在风险，从而对社会影响力投资的发展产生不同的效应。社会组织主导模式和企业主导模式更有利于社会影响力投资的良性发展。

第七篇论文由华东政法大学博士研究生、四川师范大学党内法规研究中心研究员曹金容所写，题目为"我国群团组织的发展策略与改革路径——基于S省法学会的案例分析"。该文以"中间区域""共建组织"为分析框架，选取S省法学会作为案例研究对象，发现群团组织经历了从"国家化"到"去国家化"再到"回归本位"的三个自我探寻阶段，并通过明确发展方向、回归会员、联系群众来挖掘自身优势、谋求组织发展。该文认为，新时期我国群团组织发展应回归"群众性"，通过会员来壮大自身实力，借助基层组织来构建发展平台，通过丰富群众活动践行"政治性"，回应时代命题。

在七篇主题论文的基础上，本期还有书评、访谈录和域外见闻三个栏目的内容。

"书评"栏目有一篇文章，题目是"中国社区治理的探索与启示——评《社区中国》"。《社区中国》一书梳理了近十多年来中国社区治理的基层实践，系统地揭示了中国社区治理的内涵与路径。该书立足天人、古今、群己、中外的立体坐标式的研究方位，阐明中国社区建设的精神内核、社区政治的转型特征、社区治理的多样化形态等方面的研究内容以及最新研究进展，并从服务传递、关系构建、治理优化、人文滋养、发展持续五个维度说明了社区建设的未来方向，为社区治理研究提供了一种新的理论生产视野，为我们理解"乡土中国—单位中国—社区中国"的基层治理发展进程提供了新的知识。

"访谈录"栏目有两篇文章。第一篇文章记录了对北京市东城区社区参与行动服务中心主任宋庆华的访谈。宋庆华是北京市东城区社区参与行动服务中心的创办人，也是其灵魂人物。宋庆华是一名工农兵大学生，曾在环保社会组织开展社区垃圾分类、节能、节水等活动，最终进入公众参与领域，专注社会创新和动员社区参与领域的实践、咨询与培训二十余年。宋庆华担任多个城市基层治理专家顾问、北京市城市规划委员会"街区责任规划师"专家委员会委员，曾荣获"2008年度全国优秀慈善工作者"称号。

第二篇文章记录了与成都市武侯社区发展基金会执行秘书长李济

舟的访谈。成都市武侯社区发展基金会成立于 2018 年，是四川省首家社区基金会，也是由武侯发展集团捐赠 800 万元发起，在四川省民政厅登记注册并由民政厅作为业务主管单位的慈善组织。成都市武侯社区发展基金会总结出"党建引领＋政府引导＋社会化运作"的工作模式，以"共创社区美好生活"为愿景，立足成都、面向四川、辐射全国，坚持以社会化方式组建、市场化方式运营的原则，打造"创新驱动、公开透明"的资助型、平台型基金会，推动社区公益事业的可持续发展。

"域外见闻"栏目介绍了阿育王基金会的相关活动和成效。阿育王基金会是全球性的社会组织，致力于推动全球社会企业的可持续发展。该栏目文章通过收集阿育王基金会的媒体报道、创始人访谈与演讲资料、相关研究报告等资料，总结阿育王基金会的起源与使命、发展趋势及知名项目的运作情况等内容，为中国社会组织的发展提供启示和经验借鉴。

上海交通大学文科建设处处长吴文锋、副处长解志韬和高延坤，上海交通大学国际与公共事务学院院长吴建南、党委书记章晓懿等领导对中国公益发展研究院、第三部门研究中心和《中国社会组织研究》集刊提供了强有力的支持和诸多便利，这也是我担任上海交通大学国际与公共事务学院特聘教授和上海交通大学中国城市治理研究院研究员的研究成果。

特别感谢社会科学文献出版社王利民社长、杨群总编辑的关心以及孟宁宁编辑的认真负责！

为了提高编辑出版服务的水平，编辑部团队充分发挥集体的智慧，确保论文质量。《中国社会组织研究》将努力为国内外学术界、实务界和管理机构提供一个研讨社会组织信息交流与平等对话的平台，倡导有自身特色的学术规范，发表创新性的论文，不懈追求对理论的新贡献。为了梦想，鼎力共行，我们一同成长！

徐家良

2022 年 10 月 8 日于上海固川路中骏天悦心斋

内容提要

　　《中国社会组织研究》是中文社会科学引文索引（CSSCI）来源集刊，主要发表国家与社会关系、社会创新、社会组织、基层治理、慈善公益等方面的研究成果。本卷收录主题论文7篇、书评1篇、访谈录2篇、域外见闻1篇。主题论文涉及粉丝公益、大学生志愿服务、慈善捐赠动机、社会组织孵化器、基金会信息披露、社会影响力投资、社会团体改革。书评介绍了《社区中国》一书的写作框架和理论价值。访谈录介绍了北京市东城区社区参与行动服务中心创办人、主任宋庆华开展社区协商实践的过程以及成都市武侯社区发展基金会的信义治理和社区创新工作。域外见闻介绍了阿育王基金会在促进全球社会企业发展中的历史变迁和功能角色。

目　录

主题论文

书 评

访谈录

域外见闻

"三圈理论"视域下青年粉丝参与公益服务的效能困境与策略研究[*]

施从美　吉　蓉[**]

摘　要：青年粉丝的公益参与行为既是推动"粉丝公益"的前提条件，也是助力"粉丝公益"深化发展的内在动力。当前，"粉丝公益"主要面临着动机质疑、黏性不足、专业缺失等困境。本文建构的"三圈理论"解释框架尝试从价值、能力和支持三个方面分析"粉丝公益"。青年粉丝动机多元性与社会共识的观念冲突、管理方法和技巧缺失、创新能力偏弱以及社会力量嵌入不足等是制约"粉丝公益"参与效能的关键因素。本文提出从嵌入性激活、选择性吸纳和适度性控制三个方面增强青年粉丝的共同价值，推动管理和创新能力升级，积极争取社会多方力量的支持。

* 基金项目：国家社科基金项目"政府购买农业公益性服务的政策落实研究"（19BZZ086）；2022 年江苏省研究生科研创新计划"从脱嵌到再嵌：社区慈善资源的本土化研究"（KY-CX22_3173）。

** 施从美，苏州大学政治与公共管理学院教授，博士生导师，江苏省新型城镇化与社会治理协同创新中心研究员，主要从事政府购买服务、非营利组织、公益慈善等方面的研究，E-mail：scm@ suda. edu. cn；吉蓉（通讯作者），苏州大学政治与公共管理学院硕士研究生，江苏省新型城镇化与社会治理协同创新中心助理研究员，主要从事非营利组织、社区治理等方面的研究，E-mail：jirongsuda@ 163. com。

关键词：“三圈理论” 青年粉丝 粉丝公益

一 问题的提出

随着经济社会的快速发展，慈善事业的地位越来越突出，慈善事业已逐渐成为我国社会治理现代化建设的重要内容。参与公益服务是推动慈善事业向更高水平发展的重要驱动力。作为社会文明程度体现的一部分，公益服务发展对形成政府、市场、社会合作治理的整体格局具有重要的作用。

自 20 世纪 80 年代以来，青年人开始接触公益慈善的新思潮。伴随着“造星时代”的来临，具有多重身份的青年粉丝在社交媒体等交互网络的场域中互动，继而使超越地域空间边界的“想象的共同体”逐渐形成。青年粉丝作为市场经济发展的产物，既是青年人的代表性缩影，正逐渐成为公益服务“去中心化”的新生力量，也是“多元共治”“协商合作”的认真学习者和积极践行者。与普通青年志愿者相比，青年粉丝具有更强烈的参与热情和更多元的参与动机。

近年来，粉丝的公益行动为中国公益事业发展增添了一股新的力量，成为公益领域的一个重要现象。例如，2006 年由歌迷捐设和命名的专项基金“Y 爱心基金会”，先后资助了超 6 万名听障儿童；“Y 明星 V 公益”在三年的时间里先后组织了 190 多场公益活动，向社会捐赠物资总额高达 200 余万元；“K 计划爱心基金”由粉丝自主发起，筹款将近 450 万元，捐赠人数达到 45 万人。在参与公益的过程中，粉丝具有双重属性： 一方面为公益服务活动提供充足的动力支持，另一方面促进公益服务与互联网等新载体的结合。相较于普通青年志愿者，青年粉丝具有聚集性强、行动力快、技能多样化的特点，而粉丝身份又为其提供了参与公益服务的机会。

综合以上，“粉丝公益”是青年粉丝积极参与公共事务的正向化表现。其致力于改变社会大众对青年粉丝的刻板印象（盲目的、疯狂的、非理性的边缘化形象），提升明星偶像的社会形象和商业价值。因此，本文尝试观察并感知青年粉丝参与公益服务的动态过程，以厘清青年粉丝公益参与行为的效能困境。这也对进一步规范青年粉丝公益行为、为青年圈群的服务效能提升提供最佳路径选择，具有重要的理论价值和现实意义。

二 文献综述

（一）关于粉丝的研究

国内学者对"粉丝"一词的研究源于 2005 年选秀节目《超级女声》的横空出世。这一选秀节目在新旧媒体更迭的时代重构了粉丝与明星之间的关系。纵观国内外有关粉丝的研究，研究主题主要集中在对粉丝身份的解读和建构、粉丝自组织化过程以及如何增进粉丝文化与社会主流文化的融合。

从对粉丝这一概念的界定来看，西方媒介文化研究领域有着两种分歧性的阐释取向：一种是病态的、非理性的负面评价；另一种是创造力、辨识力的正面看法（张晨阳，2011）。粉丝这一群体具有一定的特殊性，他们会主动创造一种拥有自己的生产能力及流通体系的粉丝文化（岳晓东、梁潇，2010）。他们在这一过程中能够将自己的情感投射到自己喜欢的人或物之上。此时的粉丝不仅仅对人或物仰慕或迷恋，同时他们还能够参与并介入各类活动。因此，粉丝是理性与疯狂相互交融的矛盾个体。

关于粉丝自组织化过程的研究着重粉丝圈群作为情感社群的形成机制与组织形态。粉丝社群构建的过程具有自发性，粉丝行动具有集体性和组织性调整，在社群内部通过合理的角色分配进行人员管理（蔡骐，2014）；有学者通过对粉丝身份合法性的解构，认为粉丝组织化加强了对偶像的忠诚度和活动参与度，但这也容易导致粉丝内部角色冲突（王艺璇，2017）；有学者则基于个体的行动逻辑，聚焦粉丝社群的形成与具体实践（陈昕，2018）。综上来看，粉丝自组织的过程就是借助互联网、基于情感而凝聚"多变组合"的过程。

（二）关于粉丝公益的研究

粉丝的自组织化过程为互联网公益的发展提供了重要契机，因为粉丝通过组织化逐渐形成了一个执行高效、集聚性强的公益群体。随着粉丝参与慈善事业的持续深化，粉丝团体也期望通过社会多方力量的有效介入提高其参与慈善事业的专业性和规范性。学者关于粉丝公益的研究大多将粉丝公益作为粉丝行为的部分工作来看待，其研究内容主要集中在概念定义以及表现形式两大层面。

关于粉丝公益的定义，研究者从粉丝行为角度出发，将粉丝公益定义为消费行为和复合行为两种不同的行为类别。主张消费行为的研究者认为，粉丝的公益消费不仅具有经济和社会层面的双重意义，同时有助于改善粉丝的社会形象（蔡骐，2010）；主张复合行为的研究者则认为，粉丝的公益行为不仅是粉丝表达支持、改善形象的途径，还是粉丝对偶像忠诚度的表现（李松，2013）；还有学者从传播学角度出发，认为粉丝公益是"名人效应在公益传播中的应用"，是一场"形象公关"（鲍震培，2013）。

另一个较为集中的研究领域是对粉丝公益形式的探讨，通过对不同公益参与模式的总结和讨论，试图提高粉丝公益的参与性、专业性和稳定性。有研究深入挖掘粉丝公益动员的话语策略，拉近粉丝与动员主体的心理距离，提高公益活动的参与度（聂磊，2012）。粉丝可以通过情感社群的纽带进行资源的开发和整合，形成可靠的凝聚力，最终取得符合预期的公益效果（潘曙雅、张煜祺，2014）。在粉丝公益带来巨大影响力的同时，需要做的是谨防粉丝盲目、非理性的捐赠行为，把握和端正个别粉丝的捐赠动机，避免对粉丝和公益的"过度消费"。公益事业和追星行为都是人类精神生活的重要组成部分,二者的结合既能对粉丝个体成长发挥正向的促进作用,也能为社会奉献爱心。

上述研究成果丰富,但大多还停留在对青年粉丝社群的特征和行为进行的表象分析上,聚焦参与行为专业性和规范性维度,对如何实现青年粉丝参与公益服务效能最大化的研究则较少。既往研究忽视了青年粉丝圈群在推动公益服务事业发展中的引导作用,很难从表象的参与行为得出青年粉丝公益参与的效能最大化路径。鉴于此,本文将以青年粉丝为研究对象,通过对青年粉丝公益服务参与行为的现状剖析,在结合公益服务行为特点的基础上,基于"价值 – 能力 – 支持"的"三圈理论"分析框架,深入挖掘青年粉丝参与公益服务的效能困境,继而寻求效能最大化的公益参与路径,以推动中国公益向"去中心化、日常化、嘉年华化"方向转变。这既为理解"粉丝公益"提供了一个较新的分析视角,又可以指导青年粉丝有序参与公益服务,使其达到最佳的参与效能,对当前公益服务的迭代发展有着重要意义。

三 研究设计与分析框架

(一)研究设计

1. 案例选择

本文依据案例选择的典型性、关键性和可进入性等原则,选取了两类差异化的青年粉丝公益团体作为研究对象:一类是以基金会为代表的合作组织形式,如 Y 公益专项基金、L 明星爱心基金会;另一类是以公益个站、后援会为代表的粉丝自组织形式,如 Z 明星公益个站和 Y 明星粉丝公益个站。从典型性来看,首先,研究对象基本包含了当前粉丝公益参与的常见形式;其次,部分组织是由粉丝创立和捐赠的专项基金会,其打造了具有广泛知名度的粉丝公益服务项目,频繁登上微博热搜,引发了广泛的社会关注,因此在同类型的青年粉丝公益服务团体中具有一定的典型性。从关键性来看，这些公益组织在青年粉丝参与公益服务的过程中起到了关键作用，作为开创者和引领者的公益组织正逐渐成为政府和其他社会组织的重要合作对象，与本文的研究问题相契合。从可进入性来看，研究者能够掌握青年粉丝参与公益服务的全过程，获取相对丰富的资料。

2. 研究方法

为了能够深层把握青年粉丝参与公益服务的现实情况，本文从资料的真实性与可得性出发，资料主要来源于以下三个方面。一是参与式观察，笔者于 2020 年 "99 公益日" 期间接触所选取的粉丝公益团体，通过申请进入粉丝公益组织的方式了解公益服务参与的具体情况，观察青年粉丝公益服务参与的全过程；二是半结构式访谈，笔者在参与公益服务的过程中对公益组织负责人、成员等主体进行访谈，了解青年粉丝参与公益服务的动机以及存在的现实困境；三是文本资料收集，文本资料主要包括粉丝公益组织微博的捐款明细公示以及政府、慈善机构等各类官方文件和新闻报道。

（二）分析框架："价值 – 能力 – 支持""三圈理论"

1995 年，哈佛大学肯尼迪政府学院教授马克·穆尔（Mark H. Moore）在《创造公共价值：政府战略管理》一书中首次提出 "三圈理论"，之后该理论被逐渐应用于分析和指导公共决策，运用 "价值""能力""支持" 三要素构建公共决策模型，以期实现效能的最大化呈现（陈振明，2005）。公益服务作为一项正在快速发展的慈善事业，实现公益服务效能最大化是其决策的出发点，而 "三圈理论" 的各要素为公益服务寻求效能最大化的决策路径提供了理论和实践的双重指导。首先，"三圈理论" 强调价值判断的作用，认为个体或集体的行为选择必须具备公共价值，即对社会真正有用的利益取向，这是实现公益服务效能的基本前提；其次，能力与公益服务效能呈正相关关系，尤其是专业的服务能力是发挥公益服务效能的必要条件；最后，社会公众参与公益服务需要取得相关利益者的支持，这是实现公益服务效能的保障。这就形成了三个"圆圈"，分别指代价值判断（V）、能力（C）和支持（S）三要素（见图1）。一般而言，一个好的计划或路径选择应该是三个圈中更多部分的重叠。然而从实际情况来看，在种种现实条件限制和参与者能力局限的影响下，方案大多是三圈相交的状态。三个圆圈重叠在一起，其中处于中心的重合部分为"理想区"。这个区域是公益服务追求的目标，此时个体或组织（社群）行为既符合公共价值追求，又具备足够的专业能力基础，还有来自利益相关者的广泛支持，是公益服务效能追求的最理想状态。

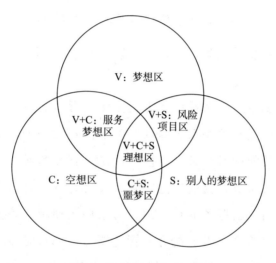

图1　"三圈理论"示意图

基于前文对"三圈理论"和公益服务关系的阐释可以看出，与青年粉丝参与公益服务效能密切相关的三个要素恰好可以嵌套于"三圈理论"的分析框架之中，以客观分析青年粉丝参与的公益服务效能（如图2所示）。

首先，从价值层面来看，其强调的是公共价值的根本性。尽管青年粉丝参与公益服务的动机趋向多元化，其公益服务的参与行为也并未削弱自身普惠性和利他性的特征。这既体现了以社会认可度为服务参与的前提，又充分体现了服务的公共价值。因此，如果社会公众对青年

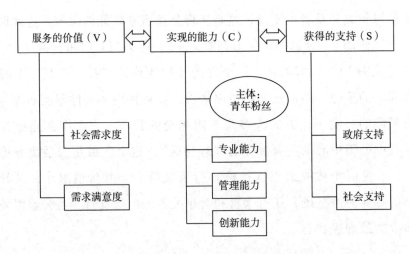

图 2 青年粉丝参与公益服务效能关联要素

粉丝公益服务参与行为的评价大多是负面的、充满质疑的，则说明其行为整体偏离公共价值。

其次，从能力层面来看，公益服务参与行为的效能与参与者能力之间存在显著的正相关关系，即具备满足公益活动需求的能力技能是实现公益服务效能的必要条件。换句话说，青年粉丝参与者的能力越强，其参与公益服务行为的效能越强；反之，其公益行为的效能就越弱。在实际参与公益服务的行为中，为了便于研究，本文将青年粉丝的能力分为三个维度：专业能力、管理能力、创新能力。

最后，从支持层面来看，青年粉丝有机会参与公益服务的活动，离不开社会多方力量的支持和帮助。一般而言，参与者越能够得到外部多方利益相关者的支持，则越能实现公益服务参与效能，达到公共价值的目标；如果青年粉丝在公益服务参与过程中得不到社会多方力量的支持，那么粉丝社群目标的实现就可能受挫，效能也会受到影响。青年粉丝公益参与行为的支持主体主要为社会力量，社会力量则包括公益性文化组织、企事业单位等公益组织以及社会公众。

综合以上，本文引入"三圈理论"分析框架，从价值、能力、支持三个方面分析青年粉丝参与公益服务遭遇效能困境的原因，并在此基础上进行反思和展望,以探求青年粉丝公益服务参与的效能最大化。

四 基于"三圈理论"的青年粉丝参与公益服务的效能困境分析

青年粉丝参与公益服务的效能困境主要集中在青年粉丝与社会互动过程中的公益服务成效转化,也就是青年粉丝的强凝聚力和高执行力能否有效转化为公益服务落地的成果,同时获得社会的广泛认可。根据"三圈"理论,价值、能力和支持都会对青年粉丝公益参与行为的服务效能产生影响。

(一)价值要素:动机多元性和社会共识的观念冲突

在"三圈"理论的解释框架中,价值要素是多种社会力量团结参与公益服务的重要前提。在公益服务参与层面,价值要素表现为个体参与公益服务的动机。当前社会对公益服务的参与动机早已形成一定共识,包含"奉献"、"利他"以及"自愿"的原则(高静华,2021),人多强调个体参与的自我奉献与利他主义。这样的社会共识激励人们开展、引导和维持公益服务,追求自我价值的实现。然而,青年粉丝的公益参与动机更多包含了粉丝对印象管理的追求,即相对于自我价值的实现,他们更关心公益行为的宣传效果和社会关注度。因此,青年粉丝的公益参与动机并非完全与社会共识相契合,除"奉献""利他""自愿"以外,还有对粉丝、明星形象的管理需求,是多种可能的复合性动机集合(沈一兵,2017)。青年粉丝参与公益服务的动机多元性具有一定的功利主义倾向,与社会大众的普遍共识相矛盾。此外,倘若失去公共价值的指引,青年粉丝由于在心智上尚未成熟,一再放大公益服务参与的宣传效应,忽视对社会共识的回应,难免会遭到社会公众的质疑,使动机多元性与社会共识之间产生观念冲突。

为了进一步呈现青年粉丝参与公益服务的动机多元性,笔者对 Y

公益专项基金的捐赠转账备注进行截取和整理：首先，对所获资料进行转文本处理，借助 NVIVO11 软件建立资料集；其次，对重要的备注内容进行编码，以便识别和描述关键概念；最后，基于复现逻辑，根据转账备注的内容分析和编码转化的关键概念剖析青年粉丝参与公益服务的动机。

表 1　编码节选

	原始资料例句	引入概念
例句 1	YY，生日快乐；源于你，源为爱	印象管理需求
例句 2	祝所有孩子身体健康	利他和亲社会
例句 3	生贺之礼，一起公益	印象管理需求；精神满足
例句 4	明天考教资，祝我好运	精神满足
例句 5	和 YY 一起做公益的小阿姨，想 YY；感谢 WY 让我领悟到生命的真谛	精神满足
例句 6	钱不多，但是一份心意，希望能帮助更多有需要的人	利他和亲社会

通过对表 1 的分析可以看出，青年粉丝参与公益服务的动机主要集中在利他和亲社会、精神满足以及印象管理三个层面。从利他和亲社会方面来看，青年粉丝的参与动机表现为能够在实际运作过程中真切地帮助受助人群脱离困境；从精神满足方面来看，青年粉丝通过捐赠行为为自己祈福、为偶像庆生，继而获得某种意义上的身份认可，将"一起公益"的单向约定升华为精神满足；从印象管理方面来看，青年粉丝参与公益服务的过程可以被看作一种公益行为，显然该行为的诉求已不再是单一的"帮助他人，服务社会"的利他主义或者精神满足，其行为带有更多为满足自我需求的功利倾向，即通过公益行为提升粉丝群体的形象和偶像的社会影响力。

尽管青年粉丝参与公益服务的动机存在与社会共识相契合的部分，即青年粉丝自主参与公益服务，通过线上和线下的双重模式提供资金、人力支持，有效帮扶困难群众和社会弱势群体，他们的参与行为符合"奉献""利他""自愿"的公益精神，满足了社会对帮扶他人的结果期望；但是，青年粉丝参与公益服务的动机多元性同时存在超出社会共识范畴的讨论，与社会共识产生了观念冲突。青年粉丝的公益参与动机更多是为了满足自身美好印象管理的输出传播以及明星形象的二次塑造和包装。青年粉丝将自身的公益行为作为一种形象符号，通过媒介的传播和青年粉丝的再生产编码以及社会受众的二次解码，树立正能量的公益榜样形象，以此来询唤青年粉丝的慈善意识。然而，青年粉丝对印象管理的过度包装和宣传却使其社会认可度不容乐观。在短期内，社会公众在一定程度上还无法正视青年粉丝的公益参与行为，对其持一种忽略性认知、保守性评价的观望态度。他们囿于传统慈善观念，认为青年粉丝公益行为的形象宣传目的大于实践，重宣传而轻效果，重形式而轻内容，仅仅想要通过做公益的方式来扩大偶像的社会影响力，塑造明星的正能量形象。另外，青年粉丝的边缘化形象也更容易成为社会大众攻击的焦点，使公益服务参与行为最后沦为"粉黑闹剧"的牺牲品。网络骂战混淆了社会大众的公益焦点，折损了青年粉丝的社会信任，最终弱化了公共价值在公益服务参与中的作用。

（二）实现的能力：资源依赖与能力约束

正如 Froelich（1999）在其关于非营利组织对资源依赖程度的研究中提到的那样，公益是一种"人、精力、金钱相互合作的活动"。由此可以得出，在公益活动开展的过程中，不可或缺的三种元素就是充足的人力、足够的精力和丰富的资金，三种要素共同作用构成了资源依赖与能力约束的效能困境。其中，人员的专业能力是重中之重。

1. 青年粉丝群体内部管理缺乏规范

青年粉丝作为独立的个体，在网络化前习得的知识和文化不同，进而在行为上表现出不同的能力条件和选择偏好，同时粉丝群体内部也拥有自身的参与规则和文化逻辑，那么来自四面八方的青年粉丝为达到融入社群的目的，开始尝试与他人通过磨合和博弈的手段建立规则、达成共识，并努力将不成文的约定制度化和规范化。由此可以看出，青年粉丝并非完全不在场，而是主动积极的参与者。他们从初期阶段的规模化扩张开始有意识地向结构化、体系化的组织建设转变，试图在无序的集体中寻求属于自身的管理模式和机制。

> 我们基金会交由专业团队运作，由中国红十字基金会负责管理。对具体公益服务项目的选择不是仅仅由我们这些粉丝拍板，而是有专业的负责人帮忙审核，所以我们有更多的时间做自己擅长的工作，比如宣传、动员大家参与公益活动。(20201124L)

> 我们做公益项目的时间主要集中在偶像生日月里。这一次规模会大一些，平时主要是大家自发捐款。要为公益项目去制定一个内部管理规范文件，这不太现实。第一，我们做公益大多还是自发的，还没有组织化；第二，这样做公益比较花时间、花精力，很少有人愿意付出。(20201124Z)

通过对不同类型粉丝的公益组织负责人的访谈，结合参与观察过程中的所见所感，笔者发现在实际运作过程中真正能够实现规范管理、专业运作的粉丝公益项目十分少见。能够达到专业化运作目标的粉丝团体大多集中在官方指导下的合作组织，如 Y 公益专项基金会和 L 明星爱心基金会等。而大多数青年粉丝参与公益服务还是通过粉丝后援会或公益个站，这类自组织的公益服务主要以粉丝自发的捐款为主。因此，相较于长期、稳定、持续的公益服务，青年粉丝自发的公益服务模式缺乏正式规范，只是在某个特殊时刻开展的活动，具有临时性的特点。此外，缺乏内部管理规范的自组织公益服务模式在组织扩充阶段依然面临着不同的发展困境。他们除了参与志愿活动以外，还需要担负起组织、策划、对接、公示和反馈的工作。

> 一开始个站的运营只有 3 个人，大家沟通起来也比较方便，

如果有不同的看法也能快速讨论并解决。现在活动规模扩大、影响范围变广之后，个站又向粉丝群体招新，目前已经扩展到 10 人左右的团队。有时候对一个活动，大家各有各的看法，很难管理，最后可能还是由团队负责人出来做决定。（20201012Y）

Y 明星粉丝公益个站成立于 2018 年，发起的缘由是 Y 明星经常投身于公益活动，青年粉丝们受到偶像的感召，采取创办公益个站的方式支持偶像的发展。在自组织的粉丝公益模式下，青年粉丝能够以团队的形式开始对接中小型公益项目，目前已开展了希望小学、图书角、免费午餐等公益项目。但当活动范围扩大时，缺乏内部管理规范的粉丝公益自组织形式在公益项目统筹阶段缺乏统一规划、在政策方针上缺乏整体性视角等问题限制了对粉丝参与这一资源的合理配置（吴建清，2015）。

2. 青年粉丝缺乏专业理论知识和方法技巧

从青年粉丝的公益行为来看，他们自发的捐赠往往是原子式、个人化的。虽然青年粉丝已经开始组建属于自己的公益组织，但囿于团队内部缺乏专业理论和方法技巧，在面对种类繁多的公益项目时，"无力感"成了他们经常提及的关键词。

今年 9 月 6 日，我们准备参加"99 公益日"，但是在挑选项目的时候就有很强的无力感。因为缺乏相关经验和方法，我们在挑选合适的项目、联系公益机构等方面存在困难。有时候，我们甚至质问自己，粉丝做公益的目的到底是什么？（20201002Y）

我们比较注重效果，就是希望能体现出我们粉丝群体的战斗力，进而提升和改善偶像的形象。我们群体内部也有很强的竞争意识，除了投票和打榜外，在公益这个领域大家也逐渐形成了一种攀比的风气，更倾向于宣传效果而不是专业度。（20201026L）

从上述访谈中可见，Y 明星粉丝公益个站在公益项目选择上遇到了专业难题，L 明星爱心基金会也发现了在公益服务过程中重宣传而轻专业的选择矛盾。大家做公益的初心都在强烈的竞争意识影响下发生了变化。诚然，青年粉丝作为公益服务的行动主体，通过粉丝的特殊符号构建"内群体"的身份认同，激励内群体的竞争意识，能够强化成员的情感投入并动员更多的募捐行动。但竞争压力也让缺乏专业支持的粉丝团体陷入困惑和迷茫。因此，青年粉丝的专业能力作为影响公益服务效能的一个重要因素，需要各个行动主体具备理论知识和方法技巧，有序组织和参与集体一致的行动，以及形成良好稳定的合作互动关系来实现效能最优。从青年粉丝的角度来看，其组织协调能力不足、专业知识和方法技巧欠缺，导致其在公益服务参与过程中出现效能偏差问题，尤其在公益服务过程中呈现零散、临时的特点。从受助对象的角度来看，受助对象"可行能力"不足，没有途径和渠道表达自我需求，因此在青年粉丝参与公益服务的过程中，频繁出现因受助对象缺位而导致的需求选择悖论。公益服务的供需不匹配继而催生了目标异化的各类社会问题。

3. 青年粉丝创新意识薄弱，参与形式单一

青年粉丝作为当下社会流行意识形态话语的引领者，在各个领域都十分活跃，但面对专业领域时则会遭遇选择瓶颈。大多数青年粉丝囿于认知的局限性，对公益服务的理解往往停留在捐钱、捐物、捐衣等捐赠形式上，甚至提及公益活动的第一反应是向贫困地区寄送衣物、向贫困学校寄送图书，对深度的、个性化的现代慈善需求缺乏回应。

　　我们捐助衣物给孩子，看起来活动形式和内容都比较局限，但是我们粉丝想做公益的话，也就只能想到这种形式了。(20201224Z)

　　Y 专项基金会会在微博发布一些公益服务项目，都是捐款的项目, 然后每个月在微博进行捐赠明细的公示。参与的形式确实比较单一, 但是创新也不是想一个新颖的点子就结束了, 需要通过实践验证, 我们的精力也有限。(20201203Y)

通过深入访谈和参与式观察笔者发现, 青年粉丝参与的公益服务大多局限于 "微公益" 形式。所谓 "微公益", 就是以网络公司为主体, 利用企业现有的商业平台开展的公益服务对接。粉丝可以通过 "新浪微公益" 这一平台查找慈善项目。新浪微公益平台把有需要的项目和群体罗列在平台上, 通过网络力量进行捐赠, 项目形式大多是对贫困地区的资金和物资帮助。在微公益的模式下, 青年粉丝可以极其容易地参与公益活动过程, 却无法进行更为深入的项目化公益服务的运营工作, 仅能作为公益服务的行为响应群体。

由此可以看出, 青年粉丝作为公益服务的行动者, 即使从意识上认识到公益服务参与形式具备多样化的可能性, 但在实践过程中不得不接受现有的活动形式。因此, 创新意识的缺乏和实践操作的缺位导致青年粉丝在寻求多种参与方式时遇到了瓶颈, 使其自主组织的活动难以得到有效开展。

(三) 获得的支持: 社会力量嵌入不足

在互联网公益蓬勃发展的背景下, 依据 "三圈理论", 青年粉丝的公益参与效能还与社会多方力量的支持有关。青年粉丝的公益参与行为是青年粉丝的自发行为, 他们并非有能力、有意识地通过嵌入社会来获得更多的支持和发展机会。青年粉丝凭借互联网共享性、开放性、交互性及多向连通性的优势, 通过 "虚拟社群" 中产生的 "连带效应" 和 "广场效应", 将拥有相同爱好的陌生网友吸收到组织中来, 形成一个半熟人式的 "网络公益团体"。然而, "连带效应" 尽管能够将具有相同爱好的人有效聚集, 但是也具有强排他性, 即将不同兴趣爱好的人泾渭分明地划分阵营。因此, 作为边缘存在的青年粉丝的公益参与行为效能无法得到社会力量的有效嵌入，这体现在以下两个方面。

一是社会刻板印象的存在，即固有偏见导致社会公众接受度不足、社会力量支持不足。

> 我们其实希望公益项目可以用明星的名字冠名，因为这样宣传效果更明显一些，但是过去和工作人员接触，他们会觉得我们的想法很奇怪，我们也只能作罢。主要是我们以粉丝的身份去接触机构，还是希望避免和工作人员发生争执。（20210303Y）

青年粉丝与公益机构的"冠名之争"体现了专业慈善组织对青年粉丝圈群的特殊态度。针对粉丝群体的形象存在两种争论：一种是极端论，认为青年粉丝是裹挟于文化工业浪潮下的极端受众，该群体的行为是被动的、盲目的和非理性的；另一种是"有力量的青年"论，认为青年粉丝可以作为社会力量参与社会治理，是文化工业浪潮中最积极的受众，他们的行为是主动的、有序的和理性的。关于青年粉丝形象的论断并没有明确的结论，但传统的社会情境与特定的主流文化深受极端论的影响，依赖媒介的传播和塑造，形塑了青年粉丝的刻板印象，追星被普遍贴上了"幼稚不成熟""盲目不理智"的负面标签。而粉丝之间的攀比式送礼、疯狂式应援等现象的出现，更是将这一群体置于社会舆论的漩涡之中。社会对青年粉丝持有的消极观念和预期会显著影响青年粉丝的行为和认知功能。因此，青年粉丝与公益服务的结合方式极容易引起社会公众本能的反感和质疑。

二是从业人员的数量和能力不足，无法有效嵌入其参与过程。社会工作从业者大多是社会学、社会工作或公共管理专业的学生，他们通过对相关知识的学习和训练才能走上社工的岗位，具备一定的专业性。然而，由于普通社会工作从业者的待遇参差不齐，而且工作的特殊性使社会工作者不具备与之相匹配的社会地位，大多数社会工作者都会选择从事其他行业。社会工作者作为公益保证服务平稳运行的中坚力量，大量的人才流失使团队的专业人员数量不足。当前,青年粉丝参与的线上捐赠活动都需要当地社会组织执行和落实,那么必然需要大量社会工作者的协助,而社工队伍的人才流失使公益项目的执行情况与青年粉丝的预期不符,也与受助者的需求不符。

五　结论与建议

综合以上分析,从价值层面来看,青年粉丝的动机多元性和社会共识的观念冲突,意味着社会公众的认可度和接受度是影响青年粉丝参与公益服务效能发挥的重要因素。社会大众形塑了青年粉丝边缘化、污名化的形象,并且在短时间内难以发生有效转变,这导致社会公众对青年粉丝群体所共享的公共价值认可度较低,也成为青年粉丝参与公益服务的效能困境。从能力层面来看,在青年粉丝参与的一些公益服务活动中,他们所展现出的管理能力、专业运作和创新意识都存在短板,制约了青年粉丝公益服务参与效能的提升。从支持层面来看,社会力量嵌入不足严重制约了青年粉丝公益参与方式、途径、培训等方面的能力提升,制约了参与效能的提升。因此,青年粉丝参与公益服务的效能困境必须从以下三个方面破解。

(一) 嵌入性激活:利用群体公共价值加强内部动员

青年粉丝对公益文化价值的认同是获得公益服务参与效能的共识基础。鉴于网络空间的复杂性、匿名性、交互性特点,青年粉丝内部虽然能够通过频繁的交流互动形成共同的文化氛围和身份认同,将弱关系转变为强关系,实现强整合的目标,但也无法独善其身,必须有效地激活群体内部的公共价值,构建强化内部认同和动员。因此,嵌入性激活策略是青年粉丝参与公益服务破除效能困境的权宜之策。公共价值无法依附于个人存在,而是需要嵌入群体之中。青年粉丝通过关系传播聚合力量,在趣缘社群中双向传递价值理念,反复增强彼此之间的关系黏度。在这个层面上，青年粉丝需要加强内部互动，尽可能将个人行为上升为有组织的群体行为，构建正式规范，确定共同目标，引导青年粉丝在公益服务参与中的行为，增强内部成员之间的信任。粉丝公益组织应对群体内部进行合理的职能分工，使不同个体在共同意志的驱使下承担角色职责，同时需要注重信息的透明性和公开性，从而保证运作的公开化，维持群体内部的信任。另外，青年粉丝在内部开展动员的过程中，可以借助话语权较大的意见领袖的影响力，吸引更多的青年粉丝个体有效嵌入公益服务中。最后，青年粉丝群体可通过嵌入性激活的方式，注重群体内部的动员，引导青年粉丝理解公益服务行为的初衷，让高度一致的价值观念成为粉丝强大的行动力。

（二）选择性吸纳：借助能力建设构建青年粉丝公益服务机制

基于互联网平台的青年粉丝能力建设是摆脱公益参与行为效能困境的突破口。公益网络依托互联网、大数据以及区块链等技术，正带动公益力量向前发展。青年粉丝凭借新媒介挑战传统垄断性娱乐体系，基于共同的价值追求和文化指引形成了强大的志愿行动力，通过网络社区打破时空限制，短时间内能够实现惊人的高生产力、高凝聚力和高执行力。但长期、稳定、专业的能力缺失使其难以规避负面的"广场效应"而走向失控的"乌合之众"的局面。因此，构建公益服务的有效机制能够保障公益行动力的运行和社会正面反馈的转换，有效整合集体行动的效能，促使青年粉丝的公益行为从原子式的不规则行动走向规模化、结构化和制度化的集体行为。能力的建设和提升主要围绕管理能力、专业能力和创新能力三个方面进行。在管理能力方面，粉丝可以实行内部轮岗机制。这一举措不仅能够让不同的青年粉丝都有机会参与公益服务活动的策划、组织与筹办环节，还能够让粉丝团体在实践过程中发现人才、锻炼人才、培养人才。在专业能力方面，一方面，青年粉丝群体需要与各类慈善研究机构合作，对粉丝内部开展公益培训；另一方面，需要引入专业的社工机构，与专业的团队进行项目合作，规范青年粉丝的公益服务参与行为。在创新能力方面,青年粉丝群体需要在具备管理能力和专业能力的基础上,运用理论知识和丰富的实践经验避免志愿失灵,结合社会实际需求,发挥创新意识。

(三)适度性控制:重组社会力量以完善网络公益服务的监管机制

参与、组织、开发公益服务项目并不是一件容易的事情,对青年粉丝群体这一"草根社会组织"而言,则需要社会多方力量的嵌入性支持和协同性发展。在强有力的聚集效应和网络扩散力量的助力下,网络技术发展与社会规范性建构之间的张力也产生了"文化堕距"的问题:一方面,青年粉丝公益服务的发展不能处于一种"自为"的阶段,网络空间的流动性和集体行动的风险性,易引发负面的舆论危机甚至有服务失败风险;另一方面,青年粉丝团体不同于其他网络公益组织,他们不仅具有奉献精神和利他主义的共性特征,同时具有非理性的个性。因此,政府既不能任其发展,也不能完全控制束缚其活力,需要进行适度的调整和规制。首先,政府需要给予粉丝公益一定的发展空间,让其采取自我监督和第三方监督相结合的手段,通过网络渠道对公益资金明细进行公示,聘用第三方机构对公益项目过程进行监督;其次,相关部门应尽快完善法规制度,规范粉丝群体管理,避免因缺乏社会的有效监管而形成社会的叠加风险;最后,政府要继续加强对青年粉丝法律意识的培育,只有参与公益的青年粉丝普遍具有法律意识,才会减少其自身行为的随意性,降低对粉丝公益的消极影响。

【参考文献】

鲍震培,2013,《媒介粉丝文化与女性主义》,《南开学报》(哲学社会科学版)第 6 期,第 120~129 页。

蔡骐,2010,《论大众媒介对粉丝形象的建构》,《新闻与传播研究》第 2 期,第 50~56 页。

蔡骐，2014，《网络虚拟社区中的趣缘文化传播》，《新闻与传播研究》第 9 期，第 5 ~ 23 页。

曹俊德，2010，《"三圈理论"的核心思想及决策方法论意义》，《国家行政学院学报》第 1 期，第 37 ~ 41 页。

陈天祥、徐传凯，2016，《当代青年对草根 NGO 的组织认同研究》，《青年探索》第 2 期，第 36 ~ 45 页。

陈昕，2018，《情感社群与集体行动：粉丝群体的社会学研究——以鹿晗粉丝"芦苇"为例》，《山东社会科学》第 10 期，第 37 ~ 47 页。

陈振明，2005，《公共管理学》，中国人民大学出版社。

高静华，2021，《利他还是交换：群体视角下慈善动机的影响因素研究》，《社会保障评论》第 1 期，第 146 ~ 159 页。

胡岑岑，2020，《从"追星族"到"饭圈"——我国粉丝组织的"变"与"不变"》，《中国青年研究》第 2 期，第 112 ~ 118 页。

胡玉宁、徐川，2020，《青年圈群脉动的媒介感知与文化诠释——基于"饭圈"现象的叙事分析》，《中国青年研究》第 11 期，第 70 ~ 79 页。

李松，2013，《粉丝与偶像的张力关系及其反思》，《江汉论坛》第 10 期，第 107 ~ 110 页。

聂磊，2012，《网络时代的虚拟社区及其成员参与模型》，《现代传播》（中国传媒大学学报）第 8 期，第 152 ~ 153 页。

潘曙雅、张煜祺，2014，《虚拟在场：网络粉丝社群的互动仪式链》，《国际新闻界》第 9 期，第 35 ~ 46 页。

沈一兵，2017，《网络公益组织、集体行动与社会稳定——基于南京市 X 社区青年志愿者论坛的调查》，《中国青年研究》第 11 期，第 49 ~ 53 页。

陶宇、石小龙、金秀玉，2019，《公益网络与社会工作机构的互嵌共生——以 C 社工机构与腾讯"99 公益"的合作为例》，《社会建设》第 4 期，第 23 ~ 31 页。

王雪丽、王瑞文，2020，《基层公共文化服务效能困境：成因与破局——基于"三圈理论"的阐释》，《图书馆工作与研究》第 2 期，第 19 ~ 28 页。

王艺璇，2017，《悖论的合法性：网络粉丝社群对粉丝形象的再现与生产——以鹿晗网络粉丝社群为例》,《中国青年研究》第 6 期,第 67～74 页。

吴建清,2015,《慈善现代转型视角下的青年公益参与》,《中国青年研究》第 8
    期,第 37～41 页。

杨钊、王茜,2013,《"微公益"行为、政府引导及其作用机制》,《重庆社会科
    学》第 9 期,第 121～124 页。

岳晓东、梁潇,2010,《青少年偶像崇拜系列综述之五:论百年来中国大陆青少
    年偶像崇拜的变迁》,《青年研究》第 4 期,第 70～79 页。

张晨阳,2011,《"迷文化":新媒介环境下的价值审视》,《中州学刊》第 6 期,
    第 251～255 页。

张银锋、侯佳伟,2014,《中国微公益发展现状及其趋势分析》,《中国青年研
    究》第 10 期,第 41～47 页。

赵丽瑾,2020,《粉丝社群的组织结构与动员机制研究》,《现代传播》(中国传
    媒大学学报)第8期,第 153～157 页。

Froelich, K. A. 1999. "Diversification of Revenue Strategies: Evolving Resource Depend-
    ence in Nonprofit Organizations." *Nonprofit & Voluntary Sector Quarterly* 3: 28.

大学生志愿服务的三力机制及治理启示[*]

刘亚娜　谭晓婷^{**}

摘　要： 高效持续的志愿服务供给是奥运会等赛事得以成功举办的重要保障之一。在志愿服务的供给过程中，大学生志愿者展现了历史使命与责任担当、精神风貌与综合能力。本文通过深度访谈具有典型代表性的 50 位"鸟巢世代"志愿者，基于扎根理论开展质性研究，提炼出大学生志愿服务的三力机制：动力机制是基点和起点，是能力机制发生的基础和必要前提；能力是关键内核，对行为及功能实现起决定性作用；保障力机制是能力机制的重要支持，为良好服务的实现提供强有力的保障并对系统功能起到调节作用。志愿服务治理体系发展需秉承开放与包容、志愿文化传承与公共精神发扬、社会参与等价值理念，形成志愿服务动力来源稳固、综合能力强、保障切实有效的内外整体系统有机协同的治理要素体系以及多元主体参与、三力协同、全流程动态完善的运行机制。

---

* 基金项目：国家社科基金重大项目"基于大数据驱动的公共服务精准管理研究"（20 & ZD113）。

** 刘亚娜，首都师范大学管理学院教授，北京大学管理学博士，主要从事政府创新、志愿服务、韧性社区、应急治理等方面的研究，E-mail：lovnana@ sina. com；谭晓婷，北京师范大学政府管理学院博士研究生，主要从事公共服务创新、公共政策分析等方面的研究，E-mail：15510079508@ 163. com。

关键词：大学生志愿者　志愿服务　三力机制　慈善事业

一　引言

　　举办奥运会对于一座城市乃至一个国家来说意义非凡。对两次举办奥运会的北京而言，办奥运不仅向全世界彰显了北京和中国文化的独特魅力，也使北京接受了城市治理、重大赛事组织等各方面能力的综合检验。北京是中国大学数量最多的城市，大学生为志愿服务和公共事务治理储备了充足的人力资源，大学生志愿服务也成为城市志愿服务的重要组成部分。2008 年北京奥运会志愿者主要由赛会志愿者、城市志愿者和社会志愿者组成，共录用志愿者 77169 人，其中北京高校学生占 51507 人（魏娜，2010）。2022 年北京冬奥会共有 1.8 万余名赛会志愿者参与，其中 35 岁以下的青年志愿者占比达到 94%，1.4 万名高校志愿者参与服务，在校大学生成为奥运会志愿服务工作的主要力量。在 2008 年北京奥运会期间，国内外媒体用"鸟巢一代"来形容以志愿者为代表的一批具有爱国心和才华、普遍接受过高等教育的年轻人。在 2022 年北京冬奥会期间，新时代大学生也活跃在世界舞台上和大众视野中。因此，本文将参与 2008 年或 2022 年两次奥运会志愿服务的大学生志愿者统称为"鸟巢世代"。大学生志愿者参与奥运、服务奥运，体现了"鸟巢世代"青年大学生志愿者的责任和才华，彰显了奥运精神与志愿精神的双向奔赴。

二　大学生志愿服务文献述评与问题提出

（一）文献回顾

　　一是从宏观的研究视角来看，学者总结了大学生志愿服务的意义、价值、不足，并给出了推进大学生志愿服务行为可持续发展的建议。大学生志愿服务具有维护国家核心价值观念、促进社会和谐、承担社会责任等方面的重要意义（朱雄、徐伟宏，2017）。自改革开放以来，大学生志愿服务事业经历了从无到有、从形式单一到百花齐放、从缺乏经验到走向国际的发展历程；在继承以往优良传统的同时，不断实现自我创新（严惠敏、陈鸿佳，2018）。但同时，大学生志愿服务的社会支持也有待增强，缺乏长效发展机制。有学者对部分高校学生进行抽样调查，以描述大学生志愿服务活动参与的基本情况及主要影响因素，提出建立和健全学校团委指导、志愿组织发动、社会力量支持的组织运行机制，完善多渠道筹措与统一项目化管理相结合的经费保障机制、立法和政策相结合的法律保障机制、基本培训与专项培训相结合的培训机制、动机与效果相统一的评价激励机制等推进大学生志愿服务事业的持续健康发展（王泓、邓清华，2012）；构建政校、校地、校校、政校地联动机制（陈世海，2014）；加强大学生志愿服务组织建设，构建大学生志愿服务教育体系（张晓红、苏超莉，2017）。还有学者从国内外比较借鉴的视角提出，完善大学生志愿服务立法、培育志愿文化、提升志愿服务队伍的专业化水平等（曾雅丽，2012）。

二是从大学生志愿服务动机及效果评价来看，在当前利益多元化的现实背景下，大学生参与志愿服务有更深层次的动机和多维的目标诉求（张静宇、汪华，2014）。利他、利己、社会责任等纯粹公益和互惠公益共存，表现为价值表达、学习理解、社会交往、职业生涯、自我保护和自我增强等维度（卓高生、孔德民、车文君，2014）。效果评价可以基于以人为本、科学规范、多元互评、动态平衡等原则（张芬、张春、王悦舒，2013），以国家严格立法为评价依据，优化整合评价机构，依据实际情况完善评价目标和内容，落实科学的评价方法（李晗、郑凌冰、李红，2015）。

三是从大学生志愿服务领域来看，有专门探讨体育赛事中的大学生志愿服务的研究成果，如以珠江三角洲高级别马拉松赛事为例，提出社会参与多方协调，以人为本、全面统筹、规范管理，关注细节，重视激励，加强保障等创新志愿服务体系（黄瑞敏、韩会君，2020）；或以2008年北京奥运志愿者为对象，研究奥运志愿服务集体记忆与奥运遗产，挖掘并诠释"鸟巢一代"集体记忆的关键构成要素、呈现形式等（王艳、DEROM Inge、THEEBOOM Marc，2018）。

（二）问题提出

当前研究分别对大学生志愿服务的发展历程、意义、动机、参与意愿与阻碍因素等进行了总结，从可持续性方面提出了促进发展的路径。但研究成果多为宏观层面的总结，具体针对性框架和方案探讨有待充实；实证研究多聚焦于以某一具体城市举办的大型活动或服务领域作案例的诠释。本文以北京"双奥"之城的"鸟巢世代"大学生志愿者这一极具典型和代表性的群体为研究对象，基于扎根理论，对大学生志愿者开展深度访谈，对大学生参与志愿服务及服务达成的机制、志愿服务治理体系完善等进行反思：一是作为志愿者重要组成部分的新时代青年大学生志愿者何以能？即什么因素推动了大学生参与志愿服务，什么促进了其志愿服务能力的达成？二是大学生志愿者何以行？即什么因素保障了他们在志愿服务中功能的发挥，保障了他们在志愿服务中发挥良好的志愿服务功能？三是在北京建设国际交往中心的要求和不断提升城市治理水平的背景下，通过对大学生志愿服务的全景式观察，能否形成大学生志愿者服务治理体系的框架性思考，对完善志愿服务治理提出有益启示？

三 研究设计与过程

（一）研究设计

1. 研究方法

扎根理论研究方法是质性研究的重要研究方法之一，其基本研究逻辑是自下而上进行编码，在某一情景中收集案例、数据、资料，对数据进行总结、概念化处理，最终从各因素中提炼范畴，厘清逻辑关系并构建理论体系。为厘清大学生志愿者参与志愿活动的动力及其在志愿活动中发挥作用的保障性因素，本文开展了三个阶段的工作：第一阶段采用半结构化深度访谈的方法，获取研究资料；第二阶段依照扎根理论的操作程序对调查所得的访谈资料进行编码，即通过开放性编码、主轴编码、选择性编码的方式对资料中的概念类属和体系进行归纳概括；第三阶段在编码数据的基础上进行理论构建。

2. 研究对象

本文选取了 50 名参加过 2008 年北京奥运会或 2022 年北京冬奥会的大学生志愿者作为访谈对象，并根据其参与奥运会志愿服务的不同情况将其分为三个类别。类别①参加两次奥运会的志愿表共计 8 人。其中，2008 年奥运会为大学生参与者，现为高校在读博士的 1 人；现为高校教师的 2 人，其他工作岗位的赛会或城市志愿者 3 人；2008 年为中小学生参与者，现在为大学生志愿者的 2 人。类别②仅为 2008 年奥运会的大学生志愿者 16 人。类别③仅参加 2022 年冬奥会的大学生志愿者 26 人。访谈样本中，男性 23 人，女性 27 人。政治面貌为中共党员的 39 人。目前的职业分布主要有学生、教师、政府工作人员等。志愿服务项目囊括了城市志愿者、赛会志愿者两个类型。城市志愿者主要是海淀区城市志愿者和石景山区城市志愿者。赛会志愿者选取酒店志愿者、交通 OTC 志愿者、开闭幕式标兵志愿者、引导员志愿者等；赛区包括延庆赛区、张家口赛区以及北京赛区；兼顾闭环管理和非闭环管理的对象（见表 1）。综合考虑受访者个人信息保密、方便研究分析的需求，按照访谈对象的访谈日期（年/月/日）、受访者姓名首字母简写对访谈对象进行编号。

表 1　访谈样本基本信息统计

单位：人，%

统计项		人数	占比
性别	男	23	46
	女	27	54

续表

统计项		人数	占比
年龄	18~25 岁	23	46
	26~30 岁	5	10
	≥31 岁	22	44
政治面貌	中共党员	39	78
	共青团员	6	12
	群众	5	10
学历	本科（含 2008 年/2022 年在读）	38	76
	硕士（含 2008 年/2022 年在读）	10	20
	博士（含在读）	2	4
志愿情况	双奥志愿者	8	16
	仅为 2008 年奥运志愿者	16	32
	仅为 2022 年冬奥志愿者	26	52
职业分布	高校在校学生	29	58
	政府、事业单位	13	26
	企业职员	6	12
	其他	2	4

3. 访谈方式及内容

本文的访谈时间贯穿冬奥、冬残奥赛会期间及志愿者集中隔离期，主要采取电话、微信、视频会议等线上方式对 50 位志愿者开展深度访谈。每位志愿者的访谈时间为 50 分钟左右，在提前征得其同意后，访谈过程中对访谈内容进行录音，后续对访谈内容进行整理得到原始资料。本文对 40 个受访样本的有效访谈进行开放性编码，将其余 10 个受访者的文本资料用于理论饱和度检验。

（二）范畴提炼与模型构建过程

1. 开放性编码

开放性编码是对原始资料的首次整理，旨在对原始资料进行初步概念化和范畴化。本文在逐份阅读和分析 40 位访谈对象访谈记录的基础上，对原始资料进行初步概念化，并将初始概念进行重新组合，使其进一步范畴化，开放性编码分析过程的举要见表 2。本文对原始资料进行初步概念化和范畴化以后，最终形成了开放性编码分析结果，即 94 个概念和 36 个初始范畴（见表 3）。

表 2 开放性编码分析过程（举要）

序号	初始范畴化	初步概念化	原始资料内容
1	价值实现	被他人需要	"我参与、我奉献、我快乐"；作为活动的一分子感觉自己非常重要。
2	丰富经历	人生体验	志愿活动的经验是在其他生活经历中学习不到的，奥运盛会的感受是独有的；志愿活动影响了我的生活态度。
3	社会责任	使命感	作为一名年轻党员，能够在这场国际赛事中展现中国青年的风采，我感到无比荣幸；参与奥运会是一件很光荣的事情，作为一名青年学生，与国家同呼吸、共命运也是我义不容辞的责任；弘扬青年力量、服务双奥之城，用自己的实际行动，为冬奥贡献力量。
……	……	……	……

表 3 开放性编码分析结果

序号	初始范畴	初始概念
1	A1 价值实现	a1 被他人需要
2	A2 助人为乐	a2 提供帮助
3	A3 身份认同	a3 得到认可
4	A4 公益事业	a4 乐于奉献，a5 志愿精神，a6 改善社会风气
5	A5 社会使命	a7 服务国家，a8 关心国家大事，a9 爱国本心，a10 大学生的责任与义务，a11 荣誉感，a12 使命感，a13 政治参与
6	A6 兴趣爱好	a14 热爱体育，a15 赛事参与，a16 爱看比赛
7	A7 满足好奇心	a17 好奇心
8	A8 建立人际关系	a18 结交朋友，a19 收获友谊，a20 增加社会交往
9	A9 锻炼自我	a21 发掘潜能，a22 锻炼意志，a23 实现梦想，a24 锻炼专业技能，a25 技能增长
10	A10 知识学习	a26 长见识，a27 开阔视野

序号	初始范畴	初始概念
11	A11 成就感	a28 获得认可，a29 富有成就感
12	A12 丰富经历	a30 丰富人生体验，a31 影响生活态度
13	A13 荣誉奖励	a32 获得专属物资纪念品，a33 荣誉证书
14	A14 增加就业竞争力	a34 丰富简历，a35 积累经验
15	A15 社群影响	a36 周边人群参与，a37 从众心理
16	A16 参与经历	a38 奥运情怀，a39 参与志愿活动的习惯
17	A17 家庭影响	a40 家庭教育，a41 家人支持，a42 家庭氛围
18	A18 学校影响	a43 学校号召，a44 学校风气和传统
19	A19 活动性质和类型	a45 奥运意义重大
20	A20 信息畅通权威	a46 学校通知，a47 官方发布招募信息
21	A21 报名筛选	a48 注册系统，a49 推荐筛选，a50 自主报名
22	A22 选拔竞争	a51 面试，a52 考察，a53 竞争，a54 考试
23	A23 基础理论知识培训	a55 志愿等知识讲解，a56 规章纪律等学习，a57 其他注意事项
24	A24 特定技能培训	a58 沟通技巧，a59 团队协作能力，a60 独立处理问题能力，a61 应急处置能力
25	A25 专业知识培训	a62 形态、体态训练，a63 外交知识学习，a64 比赛项目知识学习，a65 历史文化学习，a66 多国日常语言学习
26	A26 监督考核	a67 线上线下作业布置、提交，a68 成绩情况反馈
27	A27 培训师资	A69 招募老师进行培训
28	A28 业务管理	a70 专职老师带队管理，a71 支援团队闭环管理
29	A29 思想建设	a72 成立党支部
30	A30 岗位管理	a73 依专业、工作内容分配岗位，a74 团队互帮互助，a75 工作氛围融洽
31	A31 物质激励	a76 提供防疫物资，a77 志愿者徽章，a78 食品奖励，a79 日用品发放
32	A32 精神激励	a80 志愿者生日祝福，a81 慰问，a82 鼓励
33	A33 荣誉激励	a83 慰问志愿者家长，a84 媒体报道志愿者风采，a85 表彰优秀志愿者，a86 实践学分奖励，a87 荣誉证书奖励
34	A34 条件保障	a88 流程规范，a89 通勤组织与工作设备，a90 志愿者服务的团队建设
35	A35 后勤保障	a91 志愿者餐饮专区，a92 免费食宿，a93 志愿者之家文化建设
36	A36 应急保障	a94 医疗救护

2. 主轴编码

开放式编码完成后，开展主轴编码的研究工作。主轴编码是在初始范畴的基础上，进一步探究概念类属相互间的关联，提炼出更高阶的主范畴。本文对开放性编码阶段形成的 36 个初始范畴进一步聚类、汇总，最终形成 12 个副范畴，提炼总结为 3 个主范畴（见表 4）。

表 4　主轴编码结果

主范畴	副范畴	初始范畴	范畴内涵
C1 动力机制	B1 利他	A1 价值实现	被他人需要获得价值感
		A2 助人为乐	通过参与志愿活动能帮助他人获得心理满足
		A3 身份认同	获得社会和周围人的肯定和认同
	B2 社会责任	A4 公益事业	志愿者自愿花费时间和精力等参与公共事务
		A5 社会使命	视国家荣誉、社会发展为己任的责任感
	B3 利己	A6 兴趣爱好	希望借志愿活动满足自己对喜欢事物的接触
		A7 满足好奇心	希望通过参与了解新鲜事物
		A8 建立人际关系	希望通过志愿活动认识志同道合的人，扩大交友圈
		A9 锻炼自我	希望自己在志愿服务中突破自己，得到锻炼
		A10 知识学习	希望在志愿服务中获取新的知识
		A11 成就感	希望在志愿活动中获得别人及自己对自身的满足
		A12 丰富经历	通过参与志愿活动获取更多经历
		A13 荣誉奖励	通过参与志愿活动获得学校等对自己的奖励
		A14 增加就业竞争力	参与重要活动的经验提高了自身在就业上的竞争力
	B4 环境因素	A15 社群影响	同学、老师等的参与带动了个体的参与
		A16 参与经历	以往参与的经历形成的情怀
		A17 家庭影响	家庭观念及氛围促使大学生群体参与其中
		A18 学校影响	学校的引领和号召促进了大学生参与志愿活动
		A19 活动性质和类型	志愿活动本身吸引了大学生参与其中
	B5 组织动员	A20 信息畅通权威	志愿者招募信息由多个官方渠道发布，且具有较强的可获取性
		A21 报名筛选	学院、学校对报名参与的志愿者进行筛选推荐
		A22 选拔竞争	通过面试、考查等方式选拔志愿者

续表

主范畴	副范畴	初始范畴	范畴内涵
C2 能力机制	B6 技能培训	A23 基础理论知识培训	对志愿者进行志愿知识等的讲解、普及
		A24 特定技能培训	针对不同岗位的志愿者进行特定的技能训练
		A25 专业知识培训	对志愿活动中涉及的专业知识进行培训
	B7 监督考核	A26 监督考核	检验志愿者的培训情况，实行优胜劣汰
	B8 培训师资保障	A27 培训师资	为志愿者的培训工作配备师资保障
C3 保障力机制	B9 组织管理	A28 业务管理	对志愿者的志愿工作进行统筹安排
		A29 思想建设	成立党支部以开展志愿者的思想教育工作
	B10 志愿工作环境	A30 岗位管理	采用合理方式分配岗位，优化工作环境
	B11 激励机制	A31 物质激励	为志愿者提供物质奖励
		A32 精神激励	通过关怀、慰问等形式使志愿者获取精神上的激励
		A33 荣誉激励	通过表扬、宣传等形式使志愿者获取参与荣誉感
	B12 保障机制	A34 条件保障	保障志愿者的志愿工作顺利开展
		A35 后勤保障	保障志愿者的食宿等
		A36 应急保障	保障志愿者的人身安全等

3. 选择性编码

选择性编码阶段的主要任务是对已经形成的 3 个主范畴的内容进行具体分析，利用主范畴之间的逻辑关系找出典型关系结构，最终形成一个理论模型，并验证所归纳的理论模型。本文主范畴的典型关系结构见表 5。同时，本文利用余下的 10 个受访样本进行理论饱和度的检验，没有发现新的类属，也没有产生新的逻辑关系，据此可以认为本次研究得出的概念模型达到了理论饱和状态。

表 5　选择性编码中的典型关系结构

典型关系结构	关系结构的内涵
动力机制→志愿活动行为及功能实现	动机是原发动因，是志愿者参与志愿服务的基础性缘由，起到了原初性的促发作用，是整个志愿服务得以形成的基点和起点

续表

典型关系结构	关系结构的内涵
动力机制→能力机制	动力机制是能力机制发生的基础和必要前提
能力机制→志愿活动行为及功能实现	能力是关键内核,是志愿者达成志愿服务所需的核心要素环节,对志愿活动行为及功能实现起决定性作用
保障力机制→能力机制	保障力机制为能力机制提供稳定有力的支持
保障力机制→保障志愿活动行为及功能实现	保障力机制为志愿者良好服务的实现提供了强有力的保障,并对系统功能起到调节作用

四 大学生志愿服务的 "三力" 机制:模型构建与内涵阐释

基于扎根理论,本文对 "双奥" 大学生志愿者开展深度访谈,提炼出 36 个初始范畴、12 个副范畴、3 个主范畴,构建起大学生志愿服务的 "三力" 机制概念模型(见图 1)。在这一概念模型中,动力机制既是整个志愿服务得以形成的基点和起点,也是能力机制发生的基础和必要前提;能力是关键内核,对志愿活动行为及功能实现起决定性作用;保障力机制是能力机制的重要支持,为志愿者良好服务的实现提供了强有力的保障,对整体系统功能起到调节作用。

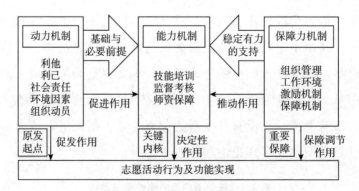

图 1 "三力" 机制概念模型

（一）动力机制：大学生志愿者何以能参与？

1."双奥"大学生志愿服务的参与动机

成为一名志愿者和从事志愿服务可能出于行善助人，乐人乐己；满足好奇心、结交朋友、锻炼自我；精神追求、价值实现；社会使命，投身公益事业；人生体验、知识学习，增长新的知识和技能；建立良好的人际关系，加强团队合作等。"双奥"大学生志愿者的服务动机在体现"奉献、友爱、互助、进步"的内在价值追求的同时，也有获得新知识和掌握新技能、广泛结交新朋友等普遍性的动因。从"三力"机制模型的各结构要素及内涵来看，大学生志愿服务动机呈现多元化的特点。

一是参与"双奥"志愿服务的利己性功利化的动机不显著。访谈调研发现，过往被批评的大学生参与志愿活动的动机较少出现，如为完成学校要求的志愿服务时长任务、为应付毕业综合测评及评奖评优或为自己的履历增添光鲜色彩等，参与"双奥"志愿服务主要基于志愿者的自觉自愿。

> 我报名志愿者时对具体服务岗位没有清晰的了解，当时没想过去哪个岗位或者能做什么，就是想去服务和工作。对能不能在赛场看比赛没有太强烈的要求。只是感觉做志愿者是一件非常重要的事，作为观众和志愿服务的参与者，意义是不一样的。如果说让我去当观众，我肯定很愿意去，但是我更愿意去做志愿服务工作。（20220217ws）

> 对于个人履历方面，当时我是开学要上大三，没有这些考量，更多的是荣誉感、成就感的激励。（20220217lj）

二是社会责任感和使命感显著体现。志愿者本身具有无私奉献的精神，这使志愿者的社会责任感更加强烈。这种感觉更像一种使命感，想要去帮助需要帮助的人，回报社会。这既是一种角色的义务，也是一种自愿自发的行为。"双奥"大学生志愿者较明显地体现了青年大学生的博爱意识和回报社会的责任感。

> 自己置身于国家重大事件当中，感觉自己与祖国同呼吸、共运命，满满的使命感！（20220218cmq）

> 在我的认知中，若国家有大型的赛会或者重大的任务，我就觉得自己有责任和义务去参加，就是那种很自然的感受，不经过任何思考的那种状态。（20220219hxc）

三是环境因素中，家庭支持与学校教育、文化氛围营造的重要作用凸显。家庭支持以及高校提供内容丰富的参与机会、搭建形式多样的平台，社会健全相关法律制度的同时加大宣传等都是影响大学生参与的重要因素。

> 2003 年北京申奥，公布结果那天，我们一家人一起守在电视机旁。在公布结果是北京以后，我们全都激动得自发上街游行了。（20220217lj）

> 学校志愿活动开展很丰富，参与的机会也很多，这也是我们学校的一种传统，有氛围。（20220222lza）

> 参与的同学都很激动，我感觉周围的能量气场都是欢乐的。（20220222cx）

四是参与经历能在志愿服务过程中形成对志愿服务精神的传承和发扬。集体记忆理论表明，人们会对那些发生在自己 10～30 岁的重大事件印象最为深刻,会产生记忆的高峰,这些事件将对人生发展产生重大影响,并成为以后对类似事件和社会感知的基准。集体记忆是建构的,是强有力的意义制造工具。没有参与,就无法形成真正的集体记忆(廉思,2020)。志愿者在过往从事的志愿服务活动中获得不同的情感体验,对自己与志愿服务活动本身的价值意义有着强烈的主观感受,这使志愿者总会不断地参与志愿活动。据中国人民大学人文奥运研究中心调查,超过90%的奥运志愿者将参与奥运视为有价值的人生体验(魏娜,2010)。大多数"双奥"志愿者表示对奥运盛会活动本身感兴趣,希望能积极投入。

> 我会比一般人更想参加 2022 年的冬奥会,因为我参加过 2008 年夏季奥运会的志愿服务,有一种情结。除了这种"志愿者"的身份以外,对我们现在已经工作的人来说,奥运也是青春的回忆。(20220219lx)

五是利他的价值实现使公益精神不断彰显。志愿者通过刻苦努力去完成每一次的志愿服务活动,这也是志愿者施展才干的机会。志愿者参与志愿服务活动被他人需要,获得他人对自己的肯定,得到心理满足感;通过帮助他人,感受快乐;奉献社会的自觉性、自愿性大大增强。

> 我们大部分志愿者是很有志愿精神的,如果没有,他们不会牺牲寒暑假的时间来参与。志愿活动不是一个任务,是一个特别自主、自发去参与的活动。(20220220zy)

因此,一方面,在正视大学生参与志愿服务动机日趋多元化的同时,关注青年人的新诉求、新期盼、新发展也十分必要。政府可以积极弘扬主旋律和正能量,以国家、社会重大活动为契机,引导和鼓励包括青年志愿者在内的公众广泛参与公共服务，参与公共事务治理，提升国家认同感、社会责任的使命感和公益奉献的荣誉感。另一方面，动机往往也受到外部社会因素的影响。我们需要营造高校、家庭和全社会支持志愿服务的良好氛围，提供包括法律、政策、人文关怀等在内的良好社会环境。学校教育可以深入结合志愿、社会参与等内容开展思想政治教育，为新时代国家发展培养思想优良、能力过硬的人才。

2. "双奥"大学生志愿服务是如何被动员与组织起来的？

什么机制动员与组织志愿者参与志愿服务？又是什么促进了志愿服务团队的形成？奥运会志愿者数量庞大，意味着需要开展大规模人力资源的组织与运行，因此如何对志愿者进行招募、动员、组织、管理等是每届奥运会必须面对的问题。志愿者从启动到组织，一般有几个重要的环节。北京冬奥组委计划招募 2.7 万名冬奥会赛会志愿者，1.2 万名冬残奥会赛会志愿者，赛会志愿者分布在北京、延庆、张家口 3 个赛区以及其他场所、设施等，提供对外联络服务、竞赛运行服务、媒体运行与转播服务、场馆运行服务等 12 类服务，实施宣传动员、招募选拔、公益实践、教育培训、激励保留、岗位运行等 6 个运行计划。

一是志愿活动的宣传和推广是提高大学生参与度和对志愿服务认知的重要环节。学校充分利用团委、学生工作部门等开展基于多种媒介平台多形式的丰富灵活宣传。学生所在高校的组织部门扎实落实，是积极动员和形成志愿者团队的基础和有力保障；同时，他们还充分利用志愿者群体的交流平台，促进志愿者们相互学习沟通，促进对志愿活动的了解，营造良好的团体氛围。

> 去年 9 月，校团委给学院团委发通知，我们接到团委老师的通知后，按要求录视频发给校团委报名，校团委组织筛选。(20220219 srq)

> 我们参与的志愿者有一个群，有一位学姐负责发送消息，通知

具体的一些安排等。（20220217pxy）

二是综合选拔和录用机制是保证参与志愿活动人员基本能力的重要前提。规范化的流程管理，从信息发布到注册报名，再到筛选、面试、竞争等，大大提升了志愿者的标准。这一机制和流程又反过来激发了志愿者为机会、荣誉、参与等提升自身的能力，使其形成了一定的能力储备。

学院、学校、组委会进行三层选拔，最终才会确定入选的人员名单。（20220221zs）

（二）能力机制：大学生志愿者何以实现能力达成？

志愿者良好的服务和参与能力不仅可以提高志愿服务质量，也有利于志愿精神的发扬传承和志愿服务的发展。一方面，奥运会志愿服务作为志愿服务的特殊形式，彰显了"奉献、友爱、互助、进步"的志愿精神；另一方面，作为年轻的大学生群体，志愿者们掌握前沿知识且富有活力，具有国际视野和较强的创新能力。参与志愿服务要求志愿者除了掌握奥林匹克、北京奥运会和残奥会的基本知识、体育赛事等知识以外，还要对中国、北京的历史和文化有比较深入的了解，可以在服务的过程中向全球友人介绍和宣传北京。此外，奥运会竞赛项目与参赛人数众多，要求志愿者的数量也相应增多，因此志愿服务具有显著的专业性和多样化的特点。志愿者不仅要承担体力工作，还要完成一些技术性任务，这对志愿者的素质提出了更高的要求。

一是志愿服务的培训体系化，培训内容丰富全面，形式灵活多样。为了满足奥运会服务要求，志愿者需要接受全方位的培训。培训内容有通用基础性知识、业务知识、专业技术等；培训形式有专项与强化培训，如医疗急救、安全风险防范、沟通等技能。培训以线上和线下相结合的方式开展，并且注重演练与实践环节。

> 所有赛会志愿者在正式上岗服务前均接受了系统培训，包含通用培训、场馆培训和岗位培训三个部分。（20220221zs）

二是考核办法的运用。严格的考核机制严肃了参与志愿活动的规范性，也对志愿者的素质和能力提出了切实严格的要求。

> 线上学习的每个视频都需要在学习完成之后做练习题进行考核，定期会给我们反馈学习成绩分数。考核合格了，才有资格进入下一阶段的学习。（20220217lxf）

三是培训师资保障机制逐渐健全。培训建立了专业化的培训人才队伍，提升了培训师资队伍质量，并进行了系统化分层管理。

> 奥组委有分配到学校的培训师名额，学校推荐老师参加奥组委统一的培训。培训师回校后再培训志愿者。培训的内容包括应急救护、礼仪、残疾人服务等。（20220217lxf）

> 培训师的推荐和选拔是面向全校的，既有行政老师，也有教学科研的专业教师。（20220223zst）

（三）保障力机制：大学生志愿者何以能发挥作用？

什么样的制度体系机制保障了大学生志愿服务功能及作用的有效发挥？保障力机制主要从管理和保障两大方面提供了强有力的保障支持。

1. 管理制度层面

一是业务与思想两手齐抓的组织管理。志愿服务活动在专门的有针对性的业务管理基础上，将思想建设贯穿活动的始终。

> 我们成立了临时党支部，有160个志愿者。支部书记由带队老师担任。业务领域直接对接奥组委，思想建设主要依托党支部开展。（20220220qcl）

二是优化志愿服务工作岗位设置，营造良好的工作环境。志愿者人岗不匹配会影响志愿者的工作热情、特长与优势的发挥，不仅会造成人力资源的浪费，还会影响工作的效能。

> 我们的工作是由奥组委统一按工作内容来分配的，我服务的项目就与我的专业非常匹配。（20220218zlf）

> 与大家一起工作时，我感受到如家一般的温暖，这里有很好的氛围与融洽的关系。（20220219zby）

> 委内领导平易近人，主管老师风趣幽默，同伴充满活力。（20220223zzh）

三是多层面的志愿者激励方式统筹运用。志愿服务的有效管理注重对志愿者在完成任务后的认同、肯定和鼓励，也有荣誉激励、物质激励等。组委会为志愿者提供必要的物质保障和奖励。

> 老师激励我们说，你的身体不是你的，是国家的，不能轻易生病、倒下，你代表的是国家的形象。（20220218zt）

学校有优秀志愿者的评选和表彰，还会颁发荣誉证书。
（20220218ln）

学校为我们志愿者家长寄去一封信，随信附有精心准备的围
巾、保温杯等，让我们的家人感觉很温暖。（20220222lx）

我们有志愿者徽章，带有奥运元素的。（20220221lh）

学校给我们发了各种保障物资，比如暖宝宝、帽子、围脖、手
套以及防疫物品，还给我们发了好吃的。（20220218wyn）

2. 保障制度层面

一是形成了条件保障、后勤保障、应急保障等较为全面的保障机
制。北京冬奥组委各相关业务领域为赛会志愿者们提供了充足的保障，
包括证件、制服及装备、餐饮、住宿、交通、医疗、保险、物资、空间
等，保障志愿者没有"后顾之忧"，安心服务。志愿服务工作流程规
范，专门配备了设备、交通、休息场所等后勤保障。风险意识与应急准
备愈加成熟，加强应急保障。

志愿者有独立的环境，相对封闭。餐饮和住宿，学校设立了专
区。（20220222zt）

每次训练都有救护车在旁边待命。这样的安排让我们在训练
过程中很安心。（20220224wnn）

二是注重文化建设与团队凝聚力的提升。"志愿者之家"是奥运会
历史上的首创，是志愿服务的创新性发展。在每一个有志愿者服务的
竞赛和非竞赛场馆都建有"志愿者之家"，这也是奥运会历史上第一

次为志愿者设立专属场所。志愿者们采用书法、绘画、剪纸、春联等方式对"志愿者之家"进行设计布置。"志愿者之家"具备休息、学习、交流和团队建设的功能，为志愿者们提供了温馨舒适的环境。志愿服务注重人性化服务，极大地增强了志愿者的凝聚力，丰富了志愿者的生活。

> 志愿者之家有桌游、园艺、编手绳、做花灯等活动，还有零食。（20220223zh）

五　志愿服务治理体系框架与启示

志愿服务是社会文明进步的重要标志，新时代青年大学生更有义务、有责任积极为社会做贡献。大学生志愿者是志愿者群体的重要组成部分，是志愿者群体中最活跃的年轻力量。对这一群体的有效开发和能力建设能极大促进具有中国特色志愿服务的可持续发展。北京市作为全球唯一的双奥之城，考察两次奥运盛会的大学生志愿活动，能为高质量推进志愿服务体系建设提供启示和借鉴。

志愿服务是一项平凡而崇高的事业，大有可为、大有作为，具有深刻的历史性和时代性。北京"双奥"的成功举办展现了"鸟巢世代"大学生志愿者的精神面貌与能力。我们可以从理念、结构、机制、运行等多方面梳理志愿服务治理体系，在国家治理体系与治理能力现代化进程中不断提升志愿服务质量。志愿服务治理体系秉承开放与包容、志愿文化传承与公共精神发扬、社会参与等深刻的价值理念，形成内外整体系统有机协同的志愿服务治理要素体系，谋篇布局促进多元主体参与，通过全流程的志愿服务活动将各要素体系串联与融合起来，实现协同有序运行。

（一）志愿服务治理体系的价值理念

一是开放与包容。开放的城市塑造城市志愿者的气质，志愿服务又能彰显城市的治理水平。北京在建设世界城市的进程中、国际交往中心的定位越来越清晰。举办奥运会既促进了中外文化交流，也为广大青年学生提供了广袤的社会实践平台。同时，奥运会志愿活动也是一个跨文化的交流过程，一名合格的志愿者除了具有高涨的志愿热情以外，还需要具备跨国文化交流的知识和技能，理解不同文化，在服务的过程中用包容的心态面对所有被服务对象；在做好志愿服务工作的同时，讲好中国故事，让世界深入了解中国。开放、友好、包容、创新的社会环境能增强每一个公民参与服务的信心，更好地弘扬互助精神；更多人的志愿公益与责任意识也会使我们的生活更加文明和谐。

二是志愿文化与公共精神。首善之区的公益社会服务应走在全国的前列。北京举办"双奥"期间，大学生志愿者的热情参与与奉献是新时代志愿精神的真实写照。奥运精神所倡导的"奉献、友爱、互助、进步"的志愿精神已成为越来越多新时代中国青年的价值选择。

三是社会参与。志愿服务是社会文明进步的重要标志。越来越多的人参与志愿服务活动，用实际行动传递建功新时代的志愿精神。青年人才是祖国建设的栋梁。青年人才积极参与社会治理才能彰显"人人有责"的公民精神。

（二）内外整体系统有机协同的志愿服务治理要素体系

1. 内部要素体系：形成志愿服务稳固的动力来源

一是公共精神培育与公益服务社会环境营造。公共精神是志愿服务的内核，因此要在全社会营造民众对社会的责任意识，使其参与公共生活实践与公益服务。同时，家庭力量对志愿者参与志愿服务活动也会起到助推作用。志愿者不是单一个体，家庭式投入能够成为志愿服务的新导向。建立起家庭支持网络能打通个人与家庭、社会的联系，营造人人参与的热烈氛围。

二是多层面教育赋能增权。一方面，学校开展多样化的社会实践活动、积极发展学生社团，丰富大学生校园生活，使青年学子展示青春活力的同时，形成校园开展志愿服务的传统。另一方面，志愿服务的特点决定其具有思想政治教育的功能，志愿服务作为社会实践的有效形式已成为思想政治教育工作的新抓手。教育部在《关于深入推进学生志愿服务活动的意见》中指出，高校要把志愿精神作为进一步加强和改进大学生思想政治教育的重要内容，纳入思想政治理论课的教育教学，使学校思想教育与志愿服务价值观教育紧密结合，让志愿服务活动成为大学生思想政治教育的有效载体。此外，志愿服务越来越要求志愿者提升综合素质和能力。大学教育在培养专业人才的同时也需要注重学生综合素质和能力的培养，加强良好的心理素质、协调沟通能力、应急处置能力、实践创新能力等方面的综合培养。

2. 外部要素体系：形成志愿服务综合能力与切实有效保障

一是志愿服务经验积累。北京成功举办夏季奥运会后回顾和总结举办奥运会这样的重大国际赛事的经验，为北京志愿服务的发展奠定了坚实的基础。志愿服务领域、层次、具体内容等均有不同，各地区、各行业的条件基础与传承发展也存在差异，广泛开展志愿服务不仅能营造良好的社会氛围，而且能从经验中总结得失，为更好地开展全社会系统化的广覆盖、人人可为、时时可为、处处可为的志愿服务，以及规范有序的志愿服务运行与管理积累宝贵经验。

二是志愿服务的制度规范与全流程动态完善管理。为保障志愿服务工作的科学化、规范化，需要规范原则、组织管理、条件保障等制度化建设。未来进一步推进志愿服务的科学、可持续发展，需要细化规则体系，在志愿者规划、招募、遴选、培训、认证、组织、工作配置与协调、考核与激励、监督评价、总结等方面扎实全流程完善管理。

三是分层分类培训与精准保障。一方面，志愿服务应将培训的标准规范化，与时俱进地开展有针对性的培训环节，如实践演练、应急处置等。另一方面，精准保障与软性服务相结合。志愿服务保障工作除了有针对性的措施、分领域的不同做法之外，特别需要以人性化的方式给予志愿者内心的温暖。丰富志愿者团体活动能及时地发现在志愿服务活动中存在的问题，及时应对，以增强凝聚力和团队合作。

（三）多元主体参与、"三力"协同的志愿服务运行机制

一是多元主体参与。为迎接 2022 年北京冬奥会，志愿服务工作进行了提前筹划、谋篇布局、系统整体性设计和安排。赛事组委会统筹管理；高校协助开展学生志愿者的招募、组织、培训、保障等工作；家庭还给予志愿者生活、学习上的支持等。事实上，社会民众提供了便利的条件和环境上的支持，在给予志愿者肯定和赞扬的同时也形成了对志愿者的鼓励等精神上的支持。

二是"三力"机制联动。上文基于对动力、能力与保障力的内涵及关系的认识，从内外系统的角度总结了如何形成志愿服务稳固的动力来源、综合能力与切实有效的保障。前提与支持力量相互依存，促发、决定与协调作用需要在"三力"系统中形成有力的互动与互补，动力与保障力面向核心能力，发挥促进与推动作用。

【参考文献】

陈世海，2014，《大学生志愿服务的联动机制研究》，《教育评论》第 1 期，第 69~71 页。

黄瑞敏、韩会君，2020，《珠江三角洲高级别马拉松赛事志愿服务体系研究》，《广州体育学院学报》第 3 期，第 38~42 页。

李晗、郑凌冰、李红，2015，《大学生志愿服务评价国际比较研究》，《思想教育研究》第 5 期，第 97~100 页。

廉思，2020，《"战疫一代"与中国未来——"90 后"的集体记忆与青春力量》，《就业与保障》第 12 期，第 6~8 页。

王泓、邓清华，2012，《大学生志愿服务活动：参与状况与长效机制的构建——基于全国性大型问卷调查的思考》，《中国青年研究》第 8 期，第 46 ~ 50 页。

王艳、DEROM Inge、THEEBOOM Marc，2018，《"鸟巢一代"奥运志愿服务集体记忆与奥运遗产》，《沈阳体育学院学报》第 6 期，第 65 ~ 72 页。

魏娜，2010，《经验·价值·影响——2008 北京奥运会、残奥会志愿者工作成果转化研究》，中国人民大学出版社。

严惠敏、陈鸿佳，2018，《改革开放 40 年来大学生志愿服务的发展与启示》，《当代青年研究》第 5 期，第 74 ~ 79 页。

曾雅丽，2012，《比较视角下的大学生志愿服务：制度化与专业化》，《高等教育研究》第 3 期，第 71 ~ 79 页。

张芬、张春、王悦舒，2013，《大学生志愿服务效果评价体系研究》，《学校党建与思想教育》第 22 期，第 65 ~ 67 页。

张静宇、汪华，2014，《大学生志愿服务参与意愿模型与激励机制的调查》，《当代青年研究》第 2 期，第 97 ~ 100、123 页。

张晓红、苏超莉，2017，《大学生"被志愿"：志愿服务的自愿性与义务化》，《中国青年社会科学》第 1 期，第 122 ~ 127 页。

朱雄、徐伟宏，2017，《大学生志愿服务的社会效应分析与组织治理》，《理论月刊》第 7 期，第 160 ~ 163 页。

卓高生、孔德民、车文君，2014，《大学生志愿服务动机功能理论的实证研究》，《统计与决策》第 6 期，第 111 ~ 113 页。

慈善捐赠动机现状及其影响因素

——基于 926 份调查问卷的统计分析[*]

李喜燕 张 东^{**}

摘 要：捐赠动机是影响捐赠行为的关键因素，促进慈善捐赠需有效激发慈善捐赠动机。本文以纯粹利他性动机、物质利益动机、精神利益动机和社会利益动机为前提假设，在对 926 份问卷调查数据实证分析的基础上，明确了当前居民的慈善捐赠动机现状及影响因素。本文发现，当前人们的捐赠动机是多元的，纯粹利他性动机和非利他性动机共存，且存在显著的正相关性。不同类型慈善捐赠动机的影响因素存在显著差异，同一个影响因素对不同类型的捐赠动机的影响存在显著差异。从性别来看，女性具有更高的纯粹利他性、物质利益和精神利益动机水平；在社会利益动机上不存在显著的性别差

* 基金项目：国家社科基金重大项目"慈善组织的治理和监督机制研究"（20 & ZD182）；重庆市教育委员会人文社会科学研究重点项目"乡城迁移群体反哺式慈善的动力机制与支持体系研究"（22SKGH190）；重庆工商大学引进人才项目"《慈善法》的适用困境及其克服"（2155052）。

** 李喜燕，重庆廉政研究中心研究员，重庆工商大学法学与社会学学院教授，重庆"互联网＋慈善"法律与治理研究中心主任，法学博士，主要从事慈善法学方面的研究，E-mail：cqlixiyan@163.com；张东，重庆工商大学法学与社会学学院讲师，重庆"互联网＋慈善"法律与治理研究中心研究员，社会学博士，主要从事公益慈善、社会治理、移民社会学方面的研究，E-mail：lszhangdong 2008@163.com。

异。从年龄来看，年龄与纯粹利他性动机并无显著关系，与非利他性动机显著负相关。从受教育程度来看，专科学历者的纯粹利他性和社会利益动机水平更高。从家庭收入来看，家庭收入与物质利益和精神利益动机显著正相关，与纯粹利他性和社会利益动机不相关。因此，激发慈善捐赠动机需要充分考虑不同群体的物质利益、精神利益和社会利益动机，注重群体差异，以实现慈善捐赠精准激励。

关键词： 慈善捐赠　捐赠动机　捐赠行为　精准激励

一　引言

虽然我国慈善捐赠事业近年来已取得巨大进步，但是我国目前慈善捐赠指数排名仍然非常靠后（李喜燕，2018），慈善捐赠总额占国民生产总值的比例低于世界平均水平。在捐赠总额方面，2019 年美国慈善捐赠总额约 4496.4 亿美元，慈善捐赠占 GDP 总值约 2.1%，人均捐赠金额为 1370.85 美元[①]；2018 年中国捐赠总额约 1128 亿元，慈善捐赠占 GDP 总值约 0.12%，人均捐赠金额为 80.86 元（王亚静，2020）。根据上述数据可知，美国慈善捐赠总额约为中国的 30 倍，在 GDP 中的占比约为中国的 18 倍，人均捐赠额约为中国的 118 倍。这些数据表明，我国慈善捐赠总体情况与美国等发达国家相比存在很大差距。在迈向共同富裕的时代背景下，如何有效激励慈善捐赠是我国慈善事业发展面临的重要时代课题。这需要对慈善捐赠行为的动机类型及其影响因素进行深入的调查分析，在此基础上建立健全慈善激励机制，进而促进我国慈善事业发展。

[①] 燕客卿：《美国施惠基金会发布 2019 年美国捐赠总额：4496.4 亿美元》，http://www.shanda960.com/shandaguan/article/19987，最后访问日期：2022 年 7 月 10 日。

二 文献回顾

罗伯特·A. 卡茨（Katz，2000）认为慈善捐赠人在捐赠中兼具利他和利己动机，慈善捐赠人主要存在四种捐赠动机：纯粹的利他、非纯粹的利他、为荣誉地位而捐赠、为物质利益而捐赠。纯粹利他主义者是"以自己的净成本为代价为他人谋取利益"的人。这种利他主义者似乎违背了经济学家的假设，即人们是自我利益的理性最大化者。由利他主义驱动的捐赠是有意为之的帕累托劣势：捐赠者让自己变得更糟（减少自己的效用），以使受赠者变得更好。利他主义者是从另一个人的幸福增加中获得效用的人。利他主义者必然尊重受赠者，将其视为自己的目标。相比之下，非纯粹利他主义或完全自私的捐赠者，要么对受赠人漠不关心，要么把受赠人仅仅当作自己创造效用的一种手段。非纯粹利他主义者可以被看作真正的、有资格的被利他主义激励的人。非纯粹利他主义者希望受赠者幸福，但这类捐赠人也有自身的判断、意见或偏好，比如受赠人如何改善自己的幸福，以及应该消费哪些商品来为捐赠人创造效用。非纯粹利他主义者从接受者的消费中获得效用，并随着接受者消费的特定商品的不同而获得不同的效用。为了荣誉地位或为了物质利益的慈善捐赠动机不仅不属于纯粹利他行为，也不属于非纯粹利他行为。对于追求荣誉地位的捐赠者而言，"捐赠（慈善）行为比受赠人的福祉更重要"。他们捐赠不是为了无家可归的人，而是为了彰显自己的身份、地位和贡献。为了物质利益的捐赠者一方面能够获得税收优惠，另一方面可以引发社会对其的信任，从而获得更多的交易机会。查艾祖、诺塞蒂德（Echazyl and Nocettid，2015）提出慈善捐赠源于同理心，源于对幸福的无私关心，属于纯粹利他主义动机。石国亮（2015）提出，纯粹利他主义动机促使捐赠人持续性地从事慈善行为。Zlatev 和 Miller（2016）提出，纯粹的利他主义并不存在，在某种程度上自我利益是每个人类行为的基础。

　　相当一部分学者关注到慈善捐赠中存在非纯粹利他动机，提出"慈善不会必然反对利己性动机的存在，利己与利他具有一定的相容性"（杨方方，2019）。朱塞佩·马斯特罗马泰奥、F. F. 罗素（Mastromatteo and Russo，2017）提出慈善捐赠动机分为纯粹利他主义动机和非纯粹利他主义动机两大类。周中之（2017）认为，慈善分为纯粹的慈善和功利性的慈善，提出慈善捐赠存在"施恩不图报"和"善有善报"的慈善动机，认为个人慈善捐赠动力由内生动力系统、外生动力系统和动力传导媒介共同组成，个人捐赠者的慈善意识和财富伦理观要素属于内生动力系统，对慈善捐赠动机发挥作用，制度政策要素作为外生动力系统发挥作用。学者们还对慈善捐赠中的非利他性动机类型进行了一定研究。其一，慈善捐赠主体具有追求荣誉地位的动机。阿米凯·格莱泽、科恩·A. 瑞德（Glazer and Konrad，1996）认为慈善捐赠是渴望显示自身实力的人采取的一种获得社会认同的显露方式，其实质上发挥着名誉传递的功效。威廉·T. 哈博（Harbaugh，1998）认为慈善捐赠主体做出慈善行为是由于其希望获得尊重以及得到社会的赞誉或声望。石国亮（2014）调查后发现，普遍信任水平、媒体认知和媒体事件会影响人们的慈善意识，这也变相说明了荣誉地位追求对慈善捐赠的影响。杨玉珍（2019）发现回乡进行捐赠式治理的民营企业家的捐赠行为主要是源于其对良好声誉的追求。企业家获得一系列社会荣誉与其个人捐赠行为具有前后关联性。其二，慈善捐赠主体具有物质利益追求的动机。安德里亚·布拉斯基和弗朗西斯卡·科尔内利（Buraschi and Cornelli，2002）认为慈善捐赠有互惠动机，获得某些声誉或物质回报能够激励捐赠。其三，有学者提出慈善捐赠主体具有自我实现或者其他方面的动机。安德烈尼（Andreoni，1990）提出慈善捐赠主体做出慈善行为是为了满足其对"温暖发光"的追求，即个人能够给他人带来幸福的渴望；阿米凯·格莱泽、科恩·A. 瑞德（Glazer and Konrad，1996）提出慈善捐赠是出于表达慷慨或财富的愿望；达伦·W. 达尔等（Dahl et al.，2003）提出慈善捐赠可能是由于希望内疚感得到缓解；塔玛斯·伯瑞斯科等（Bereczkei et al.，

2010）提出的间接互惠、强互惠、声誉建设、竞争利他主义、利他惩罚等理论都是非亲属间慷慨行为的原因；费莉佩·蒙塔诺·坎波斯、里卡多·佩雷斯－特吉利亚（Montano-Compos and Perez-Trgulia，2019）认为慈善捐赠是出于表达其聪明才智的愿望；朱塞佩·马斯特罗马泰奥、F. F. 罗素（Mastromatteo and Russo，2017）认为慈善捐赠可能是为了获得结交新朋友或潜在配偶的可能性；罗伯特·萨格登（Sugden，1984），朱塞佩·马斯特罗马泰奥、F. F. 罗素（Mastromatteo and Russo，2017）认为慈善捐赠是出于对道德原则或社会规范的依从性；等等。

关于民营企业捐赠的研究多集中在以下两个方面。一是有关寻租、讨好政府、谋求政治关联的动机。张会芹（2020）提出民营企业慈善捐赠具有融资寻租的预期。丁胜红、刘倩如（2020）发现企业违规与慈善捐赠水平存在显著正向关系，企业尤其是非国有企业倾向于利用慈善捐赠转移利益相关者和社会公众对违规事件的关注。胡珺等（2020）发现，控股股东存在策略性慈善捐赠行为，在股权质押情境下为了拉抬股价和寻租而进行慈善捐赠，以降低控制权转移风险。李雪等（2020）提出背负"原罪"嫌疑的民营企业通过慈善捐赠讨好政府和社会公众，二者存在正向影响关系。范黎波（2019）提出进取型企业的慈善捐赠行为具有一定的"伪善性"或谋求企业政治关联性。二是有关隐瞒负面消息、获得公众认同或者提升荣誉地位方面的动机。曹海敏、孟元（2019）提出，企业为了隐瞒负面信息而进行慈善捐赠。张晨等（2018）发现，各类企业慈善捐赠的私利动机均比较明显，且民营企业强于国有企业，股权分散企业强于股权高度集中企业。刘妍（2015）认为，慈善主体的慈善动机不一定源于内心善念，而是出于对某种私利的追求。郭晟豪、阙萍（2012）认为慈善往往被作为公司改善公众关系、产生广告效应和提升公司形象的一条途径。

综上，现有研究认识到慈善捐赠动机同时包括纯粹利他性动机和非利他性动机两大类，但非利他性慈善捐赠动机包括多个小类，主要体现为物质利益追求、荣誉地位追求、自我实现或者其他方面的动机。既有研究主要讨论了慈善捐赠的影响因素，对慈善捐赠主体的捐赠效果也进行了一定的分析，但是现有研究成果在某种程度上仍存在研究视角单一、研究内容宽泛粗略等局限性（许琳，2020），对我国居民慈善捐赠动机的细化分类讨论不足，较少关注慈善动机影响因素的差异性。基于此，本文将捐赠动机操作化为纯粹利他性动机、物质利益动机、精神利益动机和社会利益动机四类，基于926份问卷调查数据实证探索当前居民的慈善捐赠动机现状及其影响因素。

三　研究设计

为了解慈善捐赠中非利他性动机对人类幸福和福祉的影响，研究者首先要进行一系列假设，制作问卷，并在调查后对捐赠情况进行统计分析。

（一）数据

本文使用的数据源于课题组于2018年开展的"非利他性慈善捐赠调查"。该项目通过问卷星进行抽样调查，共填写问卷1214份。课题组筛选问卷时将以下三种情况的问卷视为无效问卷：第一，考虑到问卷题干有1000多字，阅读并填写问卷不应该低于3分钟，问卷回答时间低于3分钟的视为答卷人未经过思考便进行回答，为无效问卷；第二，问卷勾选同一个选项超过80%的，将被视为无效问卷；第三，整份问卷勾选的选项有规律性，比如选项轮流勾选A、B、C、D、E的，将被视为无效问卷。最终，此次调查共得到954份有效问卷。IP地址显示样本源于重庆、河北、北京、上海、广东、天津、四川、浙江、山东、山西、辽宁、吉林、海南、江苏、湖北、湖南、贵州、内蒙古、陕西、云南、福建、安徽、甘肃、江西、新疆25个省市、自治区居民以及部分居住在国外的人员。然后，在问卷中剔除分析变量有缺失的样本，最终进入分析的样本量为926。

(二) 变量

根据研究设计，本文的因变量为慈善捐赠动机，解释变量为性别、年龄、职业、受教育程度、家庭收入等，控制变量为受访者所在地区。

1. 慈善捐赠动机

通过参考既有文献，我们把慈善捐赠动机分为纯粹利他性动机（测量变量1~3）和非利他性动机，非利他性动机又包括物质利益动机（指经济或税收优惠等物质追求性动机，测量变量4~8）、精神利益动机（指精神满足或愉悦性动机，测量变量9~13）和社会利益动机（指以追求政治社会地位及群体认同为目的的动机，测量变量14~18）三类。具体测量指标情况如表1所示。我们对测量指标的答案进行赋值处理：非常认同=5分，较认同=4分，一般=3分，较不认同=2分，非常不认同=1分。为了使四大捐赠动机的测量结果可以进行比较，在每类动机里，我们将所有测量指标得分的均值作为该类捐赠动机的测量结果。

表 1　捐赠动机测量指标

	测量变量	alpha	KMO
纯粹利他性动机	①您参加志愿服务或者捐赠完全是因为爱心驱使吗？	0.746	0.671
	②您捐赠是完全因为他人的需要，为了他人的幸福吗？		
	③您给慈善组织捐款或参加志愿服务不求任何回报吗？		
物质利益动机	④如果能够获得税收减免，您更愿意捐赠吗？	0.823	0.803
	⑤相比没有任何回馈的捐赠项目，如果您参与的某个捐赠项目可能在您需要时帮助到您自己，您更愿意捐赠吗？		
	⑥相比没有任何礼物，如果捐赠后能够获得礼物回馈您愿意捐赠吗？		
	⑦相对于市场价，如果您能够用更低的价格买到捐赠物品，您更愿意捐赠吗？		
	⑧如果捐赠后能够获得一定的物质回馈，您更愿意捐赠吗？		

续表

	测量变量	alpha	KMO
精神利益动机	⑨相比没有任何消息回馈，如果捐赠后能够获得纸质或者电子感谢信，您更愿意捐赠吗？	0.788	0.727
	⑩相比没有任何回馈，如果捐赠后能够被记载或留念，您更愿意捐赠吗？		
	⑪参加捐赠活动或者志愿者活动后，您会觉得精神愉悦或自我满足吗？		
	⑫相比于其他的纪念方式，如果对捐赠的项目或者基础设施以您的名字命名，您会捐赠更多吗？		
	⑬您能为自己做公益帮助他人而感到高兴吗？		
社会利益动机	⑭您捐赠或参与志愿活动是为了能够认识更多的人吗？	0.802	0.801
	⑮您捐赠或参与志愿活动是从众和随大流吗？		
	⑯您认为在公开募捐时不捐赠会被同行笑话吗？		
	⑰您捐赠或参与志愿活动是想获得与一些人员的交流机会吗？		
	⑱您捐赠或参与志愿活动是为了提升自己的社会影响力吗？		

2. 自变量

通过参考既有研究和问卷可以确定，本文的自变量包括性别（包括两类：0 = 女，1 = 男）、年龄（包括四类：24 岁及以下、25～40 岁、41～59 岁、60 岁及以上）、职业（包括五类：行政机关/事业单位/国企、私企/民企/外企单位工作人员、个体户或自由职业、学生、其他）、受教育程度（包括硕士及以上、本科、专科、高中及以下）、家庭收入（包括五类：4 万元以下、4 万～10 万元、10 万～30 万元、30 万元及以上、暂无收入）和受访者所在地区（包括三类：东部、中部、西部）。

表 2 是变量的描述统计结果。从性别来看，分析样本中男性 383 名，约占 41.36%，男性比女性稍少。从年龄分布来看，24 岁及以下 202 名（21.81%），25～40 岁 273 名（29.48%），41～59 岁 400 名（43.20%），60 岁及以上 51 名（5.51%），这表明样本中 41～59 岁的占比较大。从受教育程度分布情况来看，硕士及以上学历者 311 名（33.59%），本科学历者 328 名（35.42%），专科学历者 168 名（18.14%），高中及以下学

历者119名（12.85%），这说明样本以本科及以上学历者为主，调查样本的学历较高。从职业分布来看，行政机关/事业单位/国企工作人员458名（49.46%），私企/民企/外企单位工作人员77名（8.32%），个体户或自由职业183名（19.76%），学生86名（9.29%），其他122名（13.17%），这说明样本以行政机关/事业单位/国企工作人员为主体。从家庭收入分布来看，目前暂无收入22名（2.38%），4万元以下208名（22.46%），4万~10万元146名（15.77%），10万~30万元311名（33.59%），30万元及以上239名（25.81%），这说明样本中收入为10万~30万元的群体占比最大。从受访者所在地区来看，东部地区345名（37.26%），中部地区86名（9.29%），西部地区495名（53.46%），这说明调查样本以西部地区居民为主体。

表2 变量的描述统计结果

变量	样本量	均值（%）	标准差	最小值	最大值
物质利益动机（m_motivies）	926	3.71	0.79	1	5
精神利益动机（p_motivies）	926	3.93	0.70	1	5
社会利益动机（s_motivies）	926	2.62	0.79	1	5
纯粹利他性动机（a_motivies）	926	4.26	0.66	1	5
性别（gender）	926	100			
女	543	58.64			
男	383	41.36			
年龄（age）	926	100			
24岁及以下	202	21.81			
25~40岁	273	29.48			
41~59岁	400	43.20			
60岁及以上	51	5.51			
职业（occupation）	926	100			
行政机关/事业单位/国企	458	49.46			
私企/民企/外企单位工作人员	77	8.32			
个体户或自由职业	183	19.76			
学生	86	9.29			

变量	样本量	均值（%）	标准差	最小值	最大值
其他	122	13.17			
受教育程度（edu）	926	100			
硕士及以上	311	33.59			
本科	328	35.42			
专科	168	18.14			
高中及以下	119	12.85			
家庭收入（income）	926	100			
4万元以下	208	22.46			
4万~10万元	146	15.77			
10万~30万元	311	33.59			
30万元及以上	239	25.81			
暂无收入	22	2.38			
受访者所在地区（area）	926	100			
东部	345	37.26			
中部	86	9.29			
西部	495	53.46			

3. 方法

本文使用 Stata17 软件进行分析，综合采用描述统计、相关性分析、多元线性回归等统计方法对捐赠动机现状及其影响因素进行实证分析。公式 1 为本文的回归模型，其中 y 分别为四种慈善动机，X 为自变量矩阵，包括性别、年龄、职业等自变量，β 为回归系数矩阵。

$$y = k + \beta X + \varepsilon \qquad \text{（公式1）}$$

四　慈善捐赠动机的描述统计

（一）慈善捐赠动机现状

图 1 是四类慈善捐赠动机的得分情况。统计结果表明，为了人类福

祉和幸福的纯粹利他性动机得分最高，约为 4.26 分；以获得感谢信、被记载或留念、刻名字、获得精神愉悦等为内容的精神利益动机得分排名第二，约为 3.93 分；以减免税收、礼物优惠、低价购买物品等为主要内容的物质利益动机得分排名第三，约为 3.71 分；以结识更多人、获取地位认同、不被同行笑话和从众等为内容的社会利益动机得分最低，约为 2.62 分。这说明当前我国居民慈善捐赠动机具有多样性，纯粹利他性动机和非利他性动机同时存在，且纯粹利他性动机水平最高；在非利他性动机中，精神利益动机和物质利益动机更强，社会利益动机得分最低。

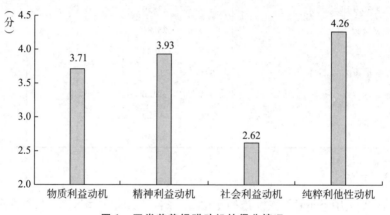

图 1　四类慈善捐赠动机的得分情况

（二）交互分析

针对慈善捐赠动机的影响因素，我们从性别、年龄、家庭收入、职业和受教育程度等维度分组统计了慈善捐赠动机的得分情况（见表 3）。

从性别差异来看，在纯粹利他性动机、物质利益动机和精神利益动机得分上，女性都高于男性，在社会利益动机得分上，男性高于女性。

从年龄差异来看，随着年龄的增长，纯粹利他性动机、物质利益动机和精神利益动机得分先升高后降低，25～40 岁年龄组捐赠动机得分最高。社会利益动机得分与年龄呈负相关，即随着年龄的增长，社会利益动机得分逐渐降低，年轻人具有更高水平的社会利益捐赠动机。

从家庭收入差异来看，抛开暂无收入的群体，10 万～30 万元收入组在纯粹利他性动机、物质利益动机和精神利益动机上得分最高，4 万～10 万元收入组在社会利益动机上得分最高。

从受教育程度差异来看，不同动机的高点有差异。专科学历受访者在纯粹利他性动机、物质利益动机和社会利益动机上得分最高，本科学历受访者在精神利益动机上得分最高。

从职业差异来看，除去其他职业者来说，私企/民企/外企单位工作人员在四类慈善捐赠动机上得分均最高，行政机关/事业单位/国企工作人员在物质利益动机、精神利益动机和社会利益动机上得分最低，个体户或自由职业从业人员在纯粹利他性捐赠动机上得分最低。这说明慈善捐赠动机水平与职业显著相关，私企/民企/外企单位工作人员的慈善捐赠动机最强。

表 3　慈善捐赠动机交互分析

		纯粹利他性动机		物质利益动机		精神利益动机		社会利益动机	
		均值	标准差	均值	标准差	均值	标准差	均值	标准差
性别	女	4.28	0.65	3.78	0.79	3.97	0.69	2.61	0.79
	男	4.22	0.68	3.60	0.77	3.87	0.71	2.64	0.80
年龄	24 岁及以下	4.12	0.62	3.77	0.71	4.00	0.65	2.72	0.73
	25～40 岁	4.31	0.63	3.85	0.75	4.06	0.66	2.63	0.83
	41～59 岁	4.30	0.69	3.61	0.83	3.84	0.73	2.57	0.79
	60 岁及以上	4.22	0.68	3.46	0.86	3.70	0.68	2.55	0.88
家庭收入	4 万元以下	4.09	0.71	3.68	0.80	3.89	0.71	2.63	0.74
	4 万～10 万元	4.23	0.66	3.69	0.77	3.87	0.72	2.67	0.87
	10 万～30 万元	4.32	0.61	3.75	0.82	3.98	0.67	2.65	0.78
	30 万元及以上	4.32	0.66	3.67	0.77	3.93	0.72	2.54	0.81
	暂无收入	4.44	0.53	3.87	0.54	4.10	0.56	2.66	0.83
受教育程度	硕士及以上	4.27	0.67	3.69	0.78	3.95	0.68	2.50	0.74
	本科	4.24	0.63	3.72	0.77	3.97	0.68	2.67	0.81
	专科	4.32	0.61	3.75	0.73	3.91	0.69	2.73	0.80
	高中及以下	4.18	0.76	3.65	0.92	3.82	0.82	2.64	0.84

续表

		纯粹利他性动机		物质利益动机		精神利益动机		社会利益动机	
		均值	标准差	均值	标准差	均值	标准差	均值	标准差
职业	行政机关/事业单位/国企	4.30	0.63	3.67	0.75	3.91	0.69	2.60	0.79
	私企/民企/外企单位工作人员	4.45	0.55	3.86	0.79	4.10	0.64	2.72	0.83
	个体户或自由职业	4.08	0.63	3.72	0.71	3.99	0.64	2.65	0.71
	学生	4.32	0.66	3.78	0.81	3.94	0.68	2.60	0.80
	其他	4.21	0.81	3.68	0.98	3.82	0.82	2.62	0.91

五 捐赠动机影响因素的回归分析

为了研究捐赠动机的影响因素，我们以四种慈善捐赠动机为因变量，以人口学特征因素、职业、受访者所在地区等为自变量，建立四个线性回归模型，回归结果如表 4 所示。

表 4 回归分析结果

	模型 1	模型 2	模型 3	模型 4
	纯粹利他性动机	物质利益动机	精神利益动机	社会利益动机
性别（参照组：女性）	-0.137 *** (0.047)	-0.201 *** (0.055)	-0.126 *** (0.049)	0.057 (0.056)
年龄（参照组：24 岁及以下）				
25~40 岁	-0.020 (0.122)	-0.179 (0.144)	-0.102 (0.127)	-0.323 ** (0.147)
41~59 岁	-0.022 (0.122)	-0.414 *** (0.144)	-0.300 ** (0.127)	-0.458 *** (0.147)
60 岁及以上	-0.093 (0.147)	-0.562 *** (0.175)	-0.434 *** (0.154)	-0.541 *** (0.179)
职业（参照组：行政机关/事业单位/国企）				
私企/民企/外企单位工作人员	0.126 (0.088)	0.087 (0.104)	0.156 * (0.092)	-0.053 (0.106)

续表

	模型 1	模型 2	模型 3	模型 4
	利他动机	物质利益	精神利益	社会利益
个体户或自由职业	-0.179 (0.155)	0.003 (0.184)	0.389 ** (0.162)	-0.260 (0.188)
学生	0.053 (0.090)	0.114 (0.107)	0.082 (0.094)	-0.115 (0.109)
其他	-0.060 (0.077)	0.013 (0.092)	-0.019 (0.081)	-0.056 (0.093)
受教育程度（参照组：硕士及以上）				
本科	0.059 (0.065)	0.054 (0.078)	0.035 (0.068)	0.197 ** (0.079)
专科	0.177 ** (0.079)	0.113 (0.093)	0.012 (0.082)	0.278 *** (0.095)
高中及以下	0.001 (0.106)	0.093 (0.126)	0.100 (0.111)	0.277 ** (0.128)
家庭收入（参照组：4 万元以下）				
4 万~10 万元	0.025 (0.112)	0.213 (0.133)	0.419 *** (0.117)	0.118 (0.136)
10 万~30 万元	0.143 (0.122)	0.385 *** (0.145)	0.619 *** (0.128)	0.176 (0.148)
30 万元及以上	0.200 (0.129)	0.376 ** (0.153)	0.605 *** (0.135)	0.158 (0.156)
暂无收入	0.288 (0.191)	0.569 ** (0.227)	0.742 *** (0.200)	0.290 (0.232)
受访者所在地区（参照：东部）				
中部	0.072 (0.080)	-0.007 (0.095)	0.059 (0.084)	-0.007 (0.097)
西部	-0.020 (0.049)	-0.062 (0.058)	-0.047 (0.051)	-0.076 (0.059)
常数	4.204 *** (0.173)	3.741 *** (0.206)	3.617 *** (0.181)	2.755 *** (0.210)
样本量	926	926	926	926
R^2	0.047	0.053	0.067	0.031
调整 R^2	0.029	0.035	0.049	0.013

注：（1）括号内为标准误；（2）* $p<0.1$，** $p<0.05$，*** $p<0.01$。

从性别差异来看，在纯粹利他性动机上，性别的回归系数为 -0.137，且通过了显著性检验（$p < 0.01$），即在控制了其他因素的情况下，男性的纯粹利他性动机得分比女性显著低 0.137 分。在物质利益动机上，性别的回归系数为 -0.201，且通过了显著性检验（$p < 0.01$），即在控制了其他因素的情况下，男性的物质利益动机得分比女性显著低 0.201 分。在精神利益动机上，性别的回归系数为 -0.126，且通过了显著性检验（$p < 0.01$），即在控制了其他因素的情况下，男性的精神利益动机得分比女性显著低 0.126 分。在社会利益动机上，性别的回归系数为 0.057，但并未通过显著性检验。

从年龄差异来看，纯粹利他性捐赠动机与年龄的回归系数为负，但是均未通过显著性检验。在物质利益动机上，变量"25～40 岁"的回归系数为 -0.179，但未通过显著性检验；变量"41～59 岁"的回归系数为 -0.414，且通过了显著性检验（$p < 0.01$）；变量"60 岁及以上"的回归系数为 -0.562，且通过了显著性检验（$p < 0.01$）。这说明，相对于 40 岁及以下的受访者，40 岁以上的受访者物质利益动机水平显著更低。在精神利益动机上，变量"25～40 岁"的回归系数为 -0.102，但未通过显著性检验；变量"41～59 岁"的回归系数为 -0.300，且通过了显著性检验（$p < 0.05$）；变量"60 岁及以上"的回归系数为 -0.434，且通过了显著性检验（$p < 0.01$）。这说明，相对于 40 岁及以下的受访者，40 岁以上的受访者精神利益动机水平显著更低。在社会利益动机上，变量"25～40 岁"的回归系数为 -0.323，且通过了显著性检验（$p < 0.05$）；变量"41～59 岁"的回归系数为 -0.458，且通过了显著性检验（$p < 0.01$）；变量"60 岁及以上"的回归系数为 -0.541，且通过了显著性检验（$p < 0.01$）。这说明，年龄越大，为了社会利益而进行慈善捐赠的动机水平越低。

从受教育程度差异来看，受教育程度对物质利益动机和精神利益动机的影响并未通过显著性检验。在纯粹利他性捐赠动机上，变量"本科"和"高中及以下"的回归系数为正，但并未通过显著性检验；

变量"专科"的回归系数为 0.177，且通过了显著性检验（$p < 0.05$）。这说明，专科学历受访者的纯粹利他性捐赠动机显著高于硕士及以上学历受访者，硕士及以上学历受访者与本科生和高中及以下学历受访者的纯粹利他性捐赠动机水平无显著差异。在社会利益动机上，变量"高中及以下"的回归系数为 0.277，且通过了显著性检验（$p < 0.05$），变量"专科"的回归系数为 0.278，且通过了显著性检验（$p < 0.01$），变量"本科"的回归系数为 0.197，且通过了显著性检验（$p < 0.05$）。这说明，物质利益动机和精神利益动机并无明显的学历差异，社会利益动机存在显著学历差异，纯粹利他性动机无明显的学历差异，但专科学历与硕士及以上学历之间存在明显差异。

从职业差异来看，纯粹利他性动机、物质利益动机、社会利益动机与职业类型均无显著的相关性。在精神利益动机上，变量"私企/民企/外企单位工作人员"的回归系数为 0.156，且通过了显著性检验（$p < 0.1$），这说明，相对于行政机关/事业单位/国企工作人员，私企/民企/外企单位工作人员的精神利益动机显著更强。变量"个体户或自由职业"的回归系数为 0.389，且通过了显著性检验（$p < 0.05$），这说明，相对于行政机关/事业单位/国企工作人员，个体户或自由职业者的精神利益动机显著更强。变量"学生"和"其他"变量的回归系数并未通过显著性检验，这说明，相对于行政机关/事业单位/国企工作人员，学生和其他职业者的精神利益动机水平并无显著差异。

从家庭收入差异来看，纯粹利他性和社会利益动机与各收入组变量虽呈正相关，但未通过显著性检验。在物质利益动机上，变量"4 万~10 万元"的回归系数为 0.213，但并未通过显著性检验；变量"10 万~30 万元"的回归系数为 0.385，且通过了显著性检验（$p < 0.01$）；变量"30 万元及以上"的回归系数为 0.376，且通过了显著性检验（$p < 0.05$）。在精神利益动机上，变量"4 万~10 万元"的回归系数为 0.419，且通过了显著性检验（$p < 0.01$）；变量"10 万~30 万元"的回归系数为 0.619，且通过了显著性检验（$p < 0.01$）；变量"30 万元

及以上"的回归系数为 0. 605，且通过了显著性检验（$p < 0.01$）。这说明，随着收入的提高，精神利益动机水平也显著提高。

六 慈善捐赠动机间的相关性分析

表 5 是四种慈善捐赠动机的相关性分析结果。数据结果显示，纯粹利他性动机与物质利益动机、精神利益动机呈显著正相关，但是和社会利益动机并无显著相关性。物质利益、精神利益和社会利益三种捐赠动机之间都呈显著正相关。这说明纯粹利他性动机和非利他性动机之间并非互斥的，而是具有明显的正向相关性，各非利他性捐赠动机内部高度正相关。

表 5 四大捐赠动机 Pearson 相关性分析

	纯粹利他性动机	物质利益动机	精神利益动机	社会利益动机
纯粹利他性动机	1			
物质利益动机	0. 233 ***	1		
精神利益动机	0. 298 ***	0. 654 ***	1	
社会利益动机	− 0. 0511	0. 352 ***	0. 286 ***	1

注：*** $p < 0.001$。

七 结论与对策建议

（一）主要结论

本文发现，当前人们的捐赠动机是多元的，纯粹利他性动机和非利他性动机共存，且存在显著的相关性。从影响因素来看，对不同类型的慈善捐赠动机的影响因素存在显著差异，同一个因素对不同类型的捐赠动机的影响也存在显著差异。

第一，从捐赠动机的类型来看，不同类型的慈善捐赠动机影响因素存在显著差异。

对于纯粹利他性动机而言，性别具有显著的差异，男性的纯粹利他性动机水平显著低于女性；受教育程度有显著的影响，专科学历受访者的纯粹利他性动机显著高于硕士及以上学历受访者，硕士及以上学历受访者与本科生和高中及以下学历受访者的纯粹利他性动机水平无显著性差异。

对于物质利益动机而言，性别、年龄、家庭收入有显著的影响。女性的物质利益动机水平显著高于男性；相对于40岁及以下的受访者，40岁以上受访者的物质利益动机水平显著更低；家庭收入越高，物质利益动机水平越高。

对于精神利益动机而言，性别、年龄、家庭收入、职业等有显著的影响。女性的精神利益动机水平显著高于男性；相对于40岁及以下的受访者，40岁以上受访者的精神利益动机水平显著更低；家庭收入越高，精神利益动机水平越高；相对于行政机关/事业单位/国企工作人员，私企/民企/外企单位工作人员的精神利益动机显著更强。

对于社会利益动机而言，年龄和受教育程度有显著的影响。年龄越大，为了社会利益获得而进行慈善捐赠的动机水平越低；专科学历受访者的纯粹利他性动机和社会利益动机水平最高。

第二，从影响因素来看，同一个因素对不同类型的捐赠动机的影响存在显著差异。

从性别因素来看，在纯粹利他性动机、物质利益动机和精神利益动机水平上存在显著的性别差异，女性具有更高的捐赠动机水平；在社会利益动机上不存在显著的性别差异。从年龄差异来看，年龄与纯粹利他性动机并无显著关系，与非利他性动机显著负相关，即年龄越大，非利他性动机越弱。从受教育程度差异来看，专科学历受访者的纯粹利他性动机和社会利益动机水平更高。从家庭收入差异来看，家庭收入与物质利益动机和精神利益动机显著正相关，与纯粹利他性动机和社会利益动机不相关。

（二）对策建议

第一，充分重视非利他性动机。当前人们的捐赠动机是多元的，利他性动机和非利他性动机共存，且互相存在正相关。因此，学界和政策制定者都应该正视和重视非利他性动机，肯定非利他性动机在中国慈善事业发展中的作用，研究非利他性动机的影响因素，进而做到精准激励公众的慈善行为。在共同富裕背景下，全面厘清当前我国居民的慈善捐赠动机及影响因素，并在此基础上精准施策，构建具有中国特色的慈善激励机制，对激发多元化的慈善动机和推动中国慈善事业的发展意义重大。

第二，健全慈善捐赠激励机制。从捐赠动机的类型来看，不同类型的慈善捐赠动机影响因素存在显著差异；从影响因素来看，同一个因素对不同类型的捐赠动机的影响存在显著差异。因此，我国在立法时应该充分重视慈善捐赠主体在物质利益、精神利益、社会利益方面的需求，给予慈善捐赠主体制度引导和政策激励，从税收优惠、冠名捐赠、社会地位等方面完善慈善捐赠激励制度，健全慈善捐赠税收优惠、荣誉地位和社会地位等方面的激励机制。同时，慈善捐赠激励机制应该充分关注群体差异，因人而异、因地制宜，防止"一刀切"，做到慈善捐赠精准激励。

【参考文献】

曹海敏、孟元，2019，《企业慈善捐赠是伪善吗——基于股价崩盘风险视角的研究》，《会计研究》第 4 期，第 89～96 页。

丁胜红、刘倩如，2020，《企业违规、代理成本与慈善捐赠》，《会计之友》第 6 期，第 77～83 页。

范黎波，2019，《谁会更慈善？——基于竞争战略和慈善捐赠行为关系的研究》，《技术经济》第 10 期，第 43～53 页。

郭晟豪、阚萍，2012，《"经济人"与"利他主义"的一致与冲突——基于企业慈善角度》，《对外经贸》第 3 期，第 108～110 页。

胡珺、彭远怀、宋献中、周林子，2020，《控股股东股权质押与策略性慈善捐赠——控制权转移风险的视角》，《中国工业经济》第 2 期，第 174～198 页。

李喜燕，2018，《美国慈善冠名捐赠纠纷解决机制及其启示》，《法商研究》第 3 期，第 181～192 页。

李雪、罗进辉、黄泽悦，2020，《"原罪"嫌疑、制度环境与民营企业慈善捐赠》，《会计研究》第 1 期，第 135～144 页。

刘妍，2015，《慈善的分类与道德价值导向》，《东南大学学报》（哲学社会科学版）第 6 期，第 38～44、146 页。

石国亮，2014，《慈善组织公信力的影响因素分析》，《中国行政管理》第 5 期，第 95～100 页。

石国亮，2015，《倡导和培育内在驱动的利他导向的慈善动机——兼论"慈善不问动机"的片面性》，《理论与改革》第 2 期，第 168～171 页。

王亚静，2020，《慈善捐助中的洗钱风险研究》，《时代金融》第 24 期，第 28、34 页。

许琳，2020，《从慈善需要慈善行为》，《西北大学学报》（哲学社会科学版）第 1 期，第 140～148 页。

杨方方，2019，《慈善力量传递中的义和利：相融与相生》，《社会保障评论》第 4 期，第 101～117 页。

杨玉珍，2019，《民营企业家治村中捐赠行为的诱发因素和潜在问题——基于河南省 H 县 3 个全国文明村的调查》，《中国农村观察》第 5 期，第 71～86 页。

张晨、傅丽茹、郑宝红，2018，《上市公司慈善捐赠动机：利他还是利己——基于中国上市公司盈余管理的经验证据》，《审计与经济研究》第 2 期，第 69～80 页。

张会芹，2020，《慈善捐赠、反腐力度与信贷融资》，《经济经纬》第 3 期，第 167～176 页。

周中之，2017，《慈善：功利性与非功利性的追问》，《湖北大学学报》（哲学社会科学版）第 3 期，第 1～6、160 页。

Andreoni, J. 1990. "Impure Altruism and Donations to Public Goods: A Theory of Warm-Glow Giving. " *The Economic Journal* 100 (401): 464 – 477.

Bendapudi, N. , Singh S. N. , and Bendapudi. V. 1996. "Enhancing Helping Behavior: An Integrative Famework for Promotion Planning. " *Joumal of Marketing* 60 (3): 33 – 49.

Bereczkei, T. , B. Birkas, and Z. Kerekes. 2010. "Altruism towards Strangers in Need: Costly Signaling in an Industrial Society. " *Evolution & Human Behavior* 31 (2): 95 – 103.

Buraschi, A. and F. Cornelli. 2002. "Donations. " *Cepr Discussion Papers* 25 (1): 899 – 900.

Carroll, J. , Mccarthy S. , and Newman. C. 2005. "An Econometric Analysis of Charitable Donations in the Republic of Ireland. " *Eeonomic and Social Review* 36 (3): 229 – 249.

Dahl, D. W. , Heather Hoena, and Rajesh V. Manchand. 2003. "The Nature of Self-reported Guilt in Consumption Contexts. " *Marketing Letters* 14 (3): 159 – 171.

Dolniear, Sara and Mele Randle. 2007. "The International Volunteering Market: Market Segents and eomPetitiverelation Hiternationa. " *International Journal of Non Profit and Voluntary Seetor Marketing* 12: 350 – 370.

Echazyl, Luciana and Diego Nocettid. 2015. "Charitable Giving: Altruism Has no Limit. " *Journal of Public Economics*, Vol. 125, No. c, March, pp. 46 – 53.

Glazer, A. and K. A. Konrad. 1996. "A Signaling Explanation for Charity. " *The American Economic Review* 86 (4): 1019 – 1028.

Harbaugh, W. T. 1998. "What do Donations Buy?: A Model of Philanthropy Based on Prestige and Warm Glow. " *Public Eco-nomics* 67 (2): 269 – 284.

Katz, Robert A. 2000. "Can Principal-Agent Models Help Explain Charitable Gifts and Organizations?" *Wisconsin Law Review* 1: 1 – 30.

Mastromatteo, G. and F. F. Russo. 2017. "Inequality and Charity. " *World Development* 96: 136 – 144.

Montano-Compos, Felipe and Ricardo Perez-Trgulia. 2019. "Giving to Charity to Signal Smarts: Evidence from a Lab Experiment. " Social Science Electronic Publishing.

Steinberg, Kathryn S. and Rooney M. Patrick. 2005. "America Gives: A Survey of Americans Generosity After September 11. " *Nonprofit and Voluntary Sector Quarterly* 34 (1): 110 – 135.

Sugden, R. 1984. "Reciprocity: The Supply of Public Goods Through Voluntary Contributions. " *The Economic Journal* 94 (376): 772 – 787.

Zlatev, J. J. and D. T. Miller. 2016. "Selfishly Benevolent or Benevolently Selfish: When Self-interest Undermines Versus Promotes Prosocial Behavior. " *Organization a Behavior and Human Decision Processes* 137: 112 – 122.

社会组织孵化器的区域生态与功能转向

——基于珠三角地区培育模式的比较分析（2010～2020）*

周如南　李敏锐　霍英泽**

摘　要： 社会组织是参与社会治理创新的重要主体之一。在国家与社会关系的分析框架指导下，社会组织得到政府政策的支持，从而提供专业化服务以回应社会需求成为一种改革共识。由不同党政部门主导建设、多元主体参与运营的各类社会组织培育基地成为党和政府培育社会组织的重要抓手。本文回顾了十年间（2010～2020）珠三角地区社会组织培育基地的阶段性发展历程，以广州、深圳、顺德三地为例，展现了民政部门、政法委（社工委）、群团组织参与建设的社会组织培育基地在发起脉络、运营主体、培育目标上的差异，以及伴随着国家政策变迁和行政体制改革产生的相应转向，从类型学意义上提出了多样化的社会组织培育路径，并对未来社

* 基金项目：国家社科基金重大项目"发挥第三次分配作用促进慈善事业健康发展研究"（项目编号：21 & ZD184）。

** 周如南，中山大学传播与设计学院副教授，硕士生导师，中山大学人类学博士，主要从事社会组织、社会治理和公共政策等方面的研究，E-mail：zhourn3@ mail sysu. edu. cn；李敏锐（通讯作者），中山大学传播与设计学院博士后，中山大学文学专业博士，主要从事互联网治理、平台劳动等方面的研究，E-mail：limr29@ mail. sysu. edu. cn；霍英泽，香港中文大学硕士研究生，主要从事社会组织、社会治理等方面的研究，E-mail：17602009784@ 126. com。

会组织的培育方向做出展望。

关键词：社会组织培育　区域生态　国家与社会　珠三角地区

一　引言

党的十九大报告明确提出要"发挥社会组织作用，实现政府治理和社会调节、居民自治良性互动"。随着经济发展及制度环境的变化，政府对社会组织培育越发重视。社会组织培育在创新社会治理、激发社会活力、建构政社互动、促进社会公平等方面发挥着不可替代的作用。《中华人民共和国国民经济和社会发展第十四个五年规划和2035年远景目标纲要》再次强调要"发挥群团组织和社会组织在社会治理中的作用，畅通和规范市场主体、新社会阶层、社会工作者和志愿者等参与社会治理的途径"。如何培育更有效的社会组织成为各地社会治理工作中的重点，而在各地社会组织培育实践中，社会组织孵化器模式成为首选并日益壮大。本文借用国家与社会关系的分析框架，通过对珠三角地区社会组织孵化器的十年发展历程进行回顾与分析，尝试展现社会组织孵化器的功能转向，试图回答以下问题：社会组织孵化器的具体运营方式有哪些？不同运营路径的内在逻辑与运行机制是什么？在此基础上，本文探讨了珠三角地区社会组织孵化器的现行模式与未来发展。

二　理论述评与研究视角：社会组织孵化器文献综述与实践回顾

（一）社会组织孵化器模式的概念源起

"孵化器"这一概念产生于20世纪50年代的美国，是一种在经济领域对企业进行孵化的模式。自 1980 年起，社会组织领域引入了"孵化器"概念，并不断发展更新。关于社会组织孵化器（又称作"NPO 孵化器""公益孵化器""NGO 孵化器"等）的定义，依据哈佛大学 Brown 和 Kalegaokar（2002）的论述，社会组织孵化器的功能主要体现在促进被孵化社会组织能力的强化，提升其专业能力，促进其服务社会的专业性，保证其能够在脱离孵化器后自主生存。社会组织孵化器概念在中国的提出可追溯到由中山大学公民与社会发展研究中心（ICS）于 2005 年引入并从 2006 年开始运用在公益组织和个人的培育孵化和研究工作中。

中国学界对社会组织孵化器模式的研究主要基于企业发展经验，企业孵化器模式是社会组织孵化器模式形成借鉴的基础。王世强（2012）指出，1980 年后，西方国家社会公共领域开始导入企业孵化器，同时随着社会的发展，非营利组织的存在越来越有必要。在此社会背景之下，非营利组织孵化工作逐步推进。因此，非营利组织孵化器无论是在形式上，还是在功能上都兼具企业孵化器及支持型社会组织的特点。吴津和毛力熊（2011）则认为 20 世纪 80 年代之后，形成于英美国家的支持型组织理论是社会组织孵化器模式来源的基础。

作为一种社会组织培育模式，社会组织孵化器模式在我国大陆地区的在地实践可追溯到 2006 年上海浦东非营利组织发展中心的成功注册。2006 年 1 月，时任北京 NPO 信息中心副主任的吕朝在上海市浦东新区民政部门的支持下，将"恩派公益"（NPI）登记注册为民办非企业单位，并将社会组织孵化器作为核心业务板块和功能定位，于 2007 年 4 月在浦东新区正式运作。

（二）功能导向：组织培育、能力支持及平台生态系统论

在不断实践和推广过程中，学界对社会组织孵化器的定义不尽相同，在功能研究上也产生了不同侧重的观点，笔者将其总结为三种类型。一是组织培育空间说。一些学者将社会组织孵化器视为组织培育的一种模式。王世强（2012）认为在培育和发展组织的过程中，作为一

种较为新颖的社会组织发展模式，非营利组织孵化器的作用非常重要，这是一种全新的、重要的政策和模式，其在管理和强化我国地方社会组织方面是一种创新。李翠萍（2012）对公益孵化器孵化链条做了深入探究，该链条模式为"受理申请，进入遴选，获得入壳，达标出壳，最后追踪服务"。二是支持型社会组织变体论。部分学者将社会组织孵化器理解为一种具有支持作用的社会组织，抑或是其变体。徐家良等（2014）认为公益孵化器是一种具有服务和支持功能的社会组织，该组织的运营者通常为专业团队，他们能够在资源建设、宣传推广上起到服务和支持初创期社会组织的作用，同时可以将政府、企业和社会力量组织和整合起来，促进初创期社会组织自主能力提升，并推动其长远发展。三是平台系统说。部分学者将社会组织孵化器视为一个以支持型社会组织为载体、镶嵌多种功能的综合平台。吴津、毛力熊（2011）认为，社会组织孵化器是一个综合性的系统，其功能更接近于一个平台，该平台拥有大量创业资源，社会组织可以从中获得助益，同时能获得足够的市场化运营空间、丰富的实践案例以及社会问题的解决办法和新型机制。

（三）创新实践：社会组织培育基地的运营模式和政府介入

自2009年起，社会组织孵化器模式得到普遍认同，并在全国各城市、各地区逐步推广开来，恩派公益率先发展了这一模式。2009年7月，受北京市西城区社工委的邀请，恩派入驻北京市西城区公益组织孵化中心，并于2010年底正式代理托管北京市社会组织孵化中心，随后逐步向各区县扩展，形成"一中心多基地"的发展模式。南京爱德社会组织培育中心也在同一时期建成，其筹办者不仅包括政府，还包括基金会。与此同时，深圳社会组织孵化实验基地落地和发展，其筹办者为深圳市民间组织管理局。上海市社会创新孵化园也在这一年建成，其创建的目标是实现社会组织的良好培育，其中主导者有政府、社会和企业三方（丁惠平，2019）。同一时期，广州市社会组织培育基地于2010年成立注册，借助民政局的政策支持，整个运营过程以广州市社区服务中心为依托（后者为民政局下属事业单位）。其既是广州市唯一的市级社会组织培育基地，也是全国第一家由政府主导、依托民政事业单位运作的社会组织孵化器（徐刚，2019），并尝试构建从市一级到区一级再到街道（镇）一级的社会组织三级培育基地网络。这种具有浓厚科层制色彩的、由点到面的层级体系，在北京、上海、深圳、成都等城市均有落地实践。而群团组织等不同"条线"也纷纷参与建设各类青年社会组织培育基地、妇女社会组织培育基地等。

通过梳理这些自 2009 年在各地建立的被冠以不同名称的社会组织孵化基地可以发现，其功能均包括促进社会组织的组织能力和专业能力提升，并在组织命名中以"孵化""培育""发展""支持"等关键词呈现。社会组织培育基地无论是由社会组织与地方政府合作发起，还是地方政府因自身需求而成立，均由各党政部门主导建设，在运作上委托社会组织运营，或是由政府及其下属单位直接运营，呈现多元化运营模式。王世强（2012）对社会组织培育模式进行了分类，主要有以下三类：第一，全政府主办和运营；第二，主办方为政府，运营方来自民间；第三，主办方来自民间，运营方为政府。丁惠平（2017）认为，社会组织培育模式主要包括三种，分别由政府、基金会和社会主导，其代表社会组织分别为枢纽型社会组织、爱德社会组织培育中心及恩派公益组织发展中心。

就目前对社会组织培育基地的各种研究而言，尽管研究者从不同层面分析其理论价值和现实意义，并对社会组织培育基地的缘起、功能及模式进行分析，但对社会组织培育基地的具体运营缺乏实证研究，尤其缺乏历时性变迁和类型学比较研究，更缺少国家与社会关系的分析框架下多元党政群团主导的培育基地发展路径差异和现实特征挖掘。本文借用国家与社会关系的分析框架，通过多案例比较法和长时间的追踪研究，对珠三角地区不同城市的社会组织培育基地功能变迁和背后机制予以剖析。

（四）分析框架：国家与社会关系视角下的"社会培育"在地多样性

梳理过往文献发现，学界在对社会组织孵化器进行讨论时，往往用"政府"二字来指涉社会组织孵化器建设和运营中的"官办力量"，而较少从社会治理维度出发，关注到参与社会组织孵化器建设和运营的官办力量在横向上可划分为承担不同职能的参与社会治理的主体，这些主体主要是一些党政部门及群团组织，如民政、政法、妇联及共青团等系统；同时对这些类型各不相同的主体，在社会治理参与方面呈现的纵向层级丰富性往往不纳入讨论，或作忽略处理。社会组织孵化器模式在落地实践和实现功能过程中，由于主管和运营单位不同，存在不同行政级别、满足不同领域需求的社会组织培育基地，如各市社会组织总部基地、区社会组织培育基地、市妇女类社会组织培育基地等。詹轶（2018）提出，"凡是参与管理的机关单位，都被笼统地置于相同的语境之下，或用'党政系统'一言概之，或抽象地称其为'国家''政府''主管部门'，从而造成了一系列认知上的错位"，治理主体在社会治理中呈现的多元面向的特点往往被掩盖于"政府"之下。周雪光（2011）认为这恰恰是由于研究者忽略了制度逻辑多样化的问题。制度逻辑作为一种制度安排或者一种行动机制，稳定存在于特定领域之中，对领域内主体的行为方式具有诱导和塑造作用。

笔者在田野调查中发现，在珠三角地区，由不同党政部门及群团组织兴建的社会组织孵化器模式有不同的发起脉络、资金来源、体量规模和功能取向，而社会组织孵化器则提供了使这些在横轴上不同的社会治理主体交互的空间。以深圳社会组织总部基地（福田）为例，其由福田区政法委（社工委）主导建设，交由两家社会组织以政府购买服务的形式运营，其中一家负责对接政法委系统，管理社会建设专项财政资金并开展社会组织孵化服务；另一家则主要对接民政系统，管理福彩公益金并承担部分社会组织管理职能，如组织开展辖区内的社会组织评估工作等。这两家机构要共同承担这一社会组织培育基地的整体运营。党政力量的交错变化深刻折射出社会组织培育基地中主管单位、运营单位、入驻社会组织等多元主体间的互动关系。另外，在治理思维及话语表述上，国家也在持续不断地进行变革，最初是以管理社会为主，然后在管理的方式方法上进行创新，到现在从实现"大治"的角度出发去管理社会，即实现"对社会的整体性治理"。不同党政部门及群团组织在社会治理中的角色与功能也在不断地发生变迁，导致社会组织培育基地在运营主体、组织功能、资金结构、社会关系互动等方面发生深刻变化。

珠三角地区是改革开放的先行阵地，各级党委政府在推动珠三角地区社会组织培育基地的建设中发挥了重要作用。本文将重点考察2010～2020 年社会组织孵化器模式在珠三角地区的落地实践。以社会组织培育基地、社会创新中心、社会创新空间等为名的实体组织或空间在政策和社会需求等取向变化背景下呈现不同的发展脉络，为统一表述，本文将在后续论述中使用社会组织培育基地来指涉由不同主体参与建设和运营，依照社会组织孵化器模式建立，面向社会组织提供社会组织培育和其他功能，具有公共空间性质以容纳多元主体的组织。其公共空间的面向包括实体空间（如用于办公和举办活动的场地）、面向社会组织提供服务的公共服务空间、提供信息传播服务的网络空间等。本文将以广州市，深圳市，佛山市顺德区各市、区级社会组织培育基地为案例，探究三地不同社会治理主体主导建立的社会组织培育基地的成立背景、运营过程与作用发挥，探究国家与社会关系视野下社会组织培育基地在不同政府主体和社会力量互动中的功能转向，并呈现三地社会组织培育基地构建的区域社会组织生态图景。

三　珠三角地区社会组织孵化器的阶段性转变：从地方改革试点到迎合国家议程

（一）试点先行：地方政策影响下的社会组织孵化器规模化建设（2010～2016）

中共中央、国务院印发的《关于加强和创新社会管理的意见》对于建设和培育社会组织而言是一个转折点，从这一年起，中央政府更加重视社会管理。同年，广东省出台相应政策文件，对本省在建设和治理社会的方向和任务上做了设计，将其归为顶层架构，并推动社工委在省市县逐级创建。社工委兼具党委和政府职能，治理社会是其专项任务，具有统筹与协调、决策和监督的功能。对"党委领导、政府主导"的强调是2011年后广东省各地社会组织培育基地建设中贯穿的时代精神。

地方政策和竞争改革示范点推动了社会组织培育基地的规模化建设。这一改革实践背后蕴含着"为增长而竞争"的地方政绩锦标赛逻辑（周黎安，2007）。2011年至2016年是广东省社会组织培育基地建设的急速增长期。在《广东省社工委关于构建枢纽型组织体系的意见》中，广东省立足省级层面提出应推动公平竞争机制的逐步创立，通过组织引导、同类聚合、自然形成等多种模式，灵活采用社会团体、民办非企业单位、基金会的登记注册方式，组建联合型、服务型、项目型等不同形式的枢纽型社会组织；建立枢纽型社会组织的认定机制，制定认定程序、评价标准、工作保障以及激励和管理等制度，认定一批枢纽型社会组织。《广东省省级培育发展社会组织专项资金管理办法》对枢纽型社会组织的作用进行强调，提出应加大扶持力度。

2012年，《广州市福利彩票公益金扶持社会组织发展专项资金资助社会组织培育基地建设管理办法》颁布实施，市福彩公益金立项1600万元重点资助社会组织培育基地建设（该文件于2017年初失效）。

2012 年至 2016 年，共计有 39 个社会组织培育基地在广州市创建，之后三年内又新增 6 个，达到 45 个，其中市、区、群团及街道分别为 2 个、12 个、12 个、19 个。①

2011～2016 年，除市级的深圳市社会组织创新示范基地外，深圳相继在 7 个区建立了区级社会组织培育基地，实现了除 2017～2018 年新设区、坪山区和光明区外，各区均有社会组织培育基地的覆盖。在财政支持上，福彩公益金会投入基地运作。在区级层面上，福田区于 2014 年印发《福田区社会建设专项资金使用管理暂行办法》，设立福田区社会建设专项资金，由福田区政法委（社工委）管理资金流向。其中，部分资金用于社会组织能力建设，由运营单位之一恩派公益执行。随后，龙岗区、罗湖区也推出了区级层面的社会建设专项资金，用于社会组织培育，其中大量资金用于社会组织培育基地的建设和运营。

2013 年，除《佛山市市级社会组织发展专项扶持资金管理办法》之外，佛山市还有《顺德区社会组织扶持资金管理试行办法》。此办法在 2014 年被替换为《顺德区扶持发展社会组织专项资金管理办法》，提出对不同社会组织给予 5 万至 10 万元的资助。

（二）上令下行：社区治理创新背景下的社会组织培育系统建设（2016～2020）

《关于改革社会组织管理制度促进社会组织健康有序发展的意见》和《关于加强和完善城乡社区治理的意见》都论述了对社会组织进行培育的重要性。《关于大力培育发展社区社会组织的意见》（以下简称《意见》）则对具体目标进行了明确：最大化推动社区社会组织的培育，使其在 21 世纪第二个十年到来时，能见到明显的成效，至少实现 10 个社区社会组织/城市社区、5 个社区社会组织/农村。《意见》的最初思

---

① 《广州出台社会组织发展"十三五"规划 去年社会组织突破 7000 家》，https://www.p3.cn/baike/newsread/17457。

路是分类扶持和管理社区社会组织，并形成有效机制，然后充分考虑当下存在的社区社会组织管理服务有漏洞、培育机制有欠缺、不能很好发挥作用等现象，从总体上指出应加强对社区社会组织的培育和发展。《意见》对社区社会组织的发展方向进行了明确，即要充分发挥社区社会组织的积极作用，制定具体措施，加大培育和扶持社区社会组织的力度，提出具体要求，使社区社会组织的管理服务能力不断提升。

在中央政策统一部署的要求下，珠三角各地尝试建立地方层面的社会组织培育基地管理办法。2020 年，广州市率先出台《广州市社会组织培育发展基地管理办法》。该文件明确将广州市社区服务中心（广州市社会组织服务交流中心）作为全市业务指导单位并协助民政部门统筹协调社会组织培育发展基地建设的任务，包括制定业务考核和运营评估标准、数字化平台建设、组织人员培育和业务交流等。该文件还对市、区、街（镇）三种行政层级的社会组织培育发展基地提出了不同的目标：市级基地重点培育有行业影响力的、能带动领域内组织发展的枢纽型社会组织，区级基地重点培育辖区内的具有示范作用的枢纽型社会组织，同时注重引进具有社会需求和高度发展前景的初创组织，街（镇）基地着重培育服务类社会组织，使其能在社区安营扎寨，将良好的服务带给城乡社区和居民。截至 2020 年底，广州市各区共建立了 45 个社会组织培育基地（市级 2 个、区级 12 个、群团组织 12 个、街道 19 个）。但与深圳各街道社会组织培育基地由区级基地直接管理模式不同的是，广州市各街道、街（镇）级别的社会组织培育基地或挂靠在社区社会组织联合会、平安建设促进会等官办枢纽型组织运作，或由当地街道办、镇政府主管，区级基地并不具有实质上的对行政区内社会组织培育基地的管理权力和责任。

深圳市以各行政区为核心单位建立各级培育基地，但并没有出台市级层面的相关政策。深圳市以行政区为核心单位建立多级体系较为常见。在社会组织培育基地逐渐从公益孵化器转型为社会组织枢纽平台的过程中，深圳市也在不断回应政策和社会需要提出的培育社区社会组织重点目标。部分区级社会组织培育基地尝试通过建设下属街道、社区级别的社会组织培育基地来实现培育社区社会组织的目标。比如，龙岗区龙岗社会创新中心在11个街道和1个区文化中心设立了分部，南山区则建立了2个区级和8个街道级别的社会组织培育基地，形成了"2+8"两级社会组织培育平台。除地方政策外，深圳市福田区和罗湖区两地的社会组织培育基地运营单位主导建立了市级交流平台"深圳市社会组织服务园区发展网络"，整合了深圳市11个社会组织服务园区作为发展网络成员。该发展网络的功能包括共享活动场地资源、定期召开社会建设讨论会、合作开展线下大型活动（如招聘会）等。在广州，虽然各级社会组织培育基地主要由民政系统主导建设，但在市、区两级并未有行业交流网络建立。

四　多元主体与多种经营：珠三角地区社会组织培育基地中不同主体与运营模式比较分析

自20世纪90年代中期起，国家就战略性地部署和推进经济上及政府管理体制上的改革，并不断持续、深入、有序地进行，在社会治理领域获得了社会组织的有力支撑。另外，除了关注和重视培育发展之外，还加强了监督管理，这在党的十六届六中全会上有重点强调。之后的党的十八届三中全会进一步提出推动社会治理创新。在构建中国特色社会主义社会管理体系的框架内，社会组织逐渐成为社会治理的重要主体之一，成为党和政府及社会力量关注的焦点。

社会组织培育基地是撬动多元主体参与社会治理的空间场域，多种主体在其建设和运营中分工协作：一是作为主管单位，承担社会治理功能、主导社会组织培育基地建设的不同党政部门及群团组织；二是作为运营单位，承担社会组织培育基地运营工作的枢纽型组织（社会团体、民办非营利机构、基金会、高校等事业单位）；三是入驻培育基地，受到基地支持并可能对地区内其他社会组织提供支持的社会组织；

四是入驻培育基地的初创型社会组织，这类组织恰是作为孵化器的社会组织培育基地应重点服务的对象。基于主管单位和运营单位这两类运营主体的不同，伴随着地方政治、政策和社会需求的改变，各地社会组织服务基地呈现不同的发展脉络和功能取向。

（一）三大主导部门：民政部门、政法委（社工委）、群团组织

在社会管理体制改革进程中，地方层面上不同党政部门进行了多样化的探索实践，群团组织也加入建设社会组织培育基地的工作中。陈鹏提出四种地方政府参与社会治理的基本模式：政法委体制；民政局体制；社工委体制；群工委体制（陈鹏，2015）。而梳理珠三角地区社会组织培育基地建设的脉络可以发现，主导其建设的党政部门及群团组织按照部门可以横向划分为民政部门、政法委（社工委）、群团组织三大类，不同层级的社会组织培育基地背后也显示出不同主体间的省、市、区间纵向行政地位差异。

1. 民政部门主导模式

在政府的权责清单中，民政部门是社会组织登记注册等事务的主管单位，其在不断的行政体制改革中被赋予和强化了培育社会组织的功能。由民政部门牵头建设社会组织培育基地的尝试起于广州市。2010年，广州市社会组织培育基地注册成立，挂靠市民政局并依托民政局下属事业单位——广州市社区服务中心（广州市社会组织服务交流中心）运营。而后，广州市民政局和各区民政局又主导建立了各区、街道（镇）级培育基地，形成了社会组织三级培育基地网络。根据广州市民政局官方数据统计，截至2020年底，广州市已建成45个社会组织培育基地（市级2个，区级12个，街道级19个，另有群团组织主管12个），空间面积近5.2万平方米，入驻机构1336个。在广州市民政局着手建立社会组织培育基地的同时，深圳市民政局于2010年开始建设深圳市社会组织孵化实验基地，其时任局长认为，建立社会组织培育基地既是深圳市顺应深化行政管理体制改革的精神，积极为社会力量创

办公益性组织创造条件，也是推进民政事业综合配套改革的创新性举措。与广州市民政局不同的是，这一孵化基地由社会组织——恩派公益运营。

由民政局主导建设社会组织培育基地的方式随后迅速出现在全国多地，如成都市社会组织培育基地、深圳市罗湖社会创新空间等。截至2020 年，广州依旧呈现民政系统主导建设社会组织培育基地的特点，绝大部分基地由市、区级民政局主导建设，并由民政系统下的事业单位或由民政系统扶持的社会组织联合会等枢纽型社会组织运营。

2. 政法委（社工委）主导模式

社会工作委员会（以下简称"社工委"）这一部门于 2003 年首设于上海。而北京市则是第一个使社会组织培育基地模式在社工委指引下建立起来的城市。2007 年，北京市专门创建了相关机构和组织以负责社会建设工作，其中就有社工委和市政府参与（段华明，2018）。2009 年 7 月，受北京市西城区社工委的邀请，恩派入驻北京市西城区公益组织孵化中心，并于 2010 年在北京市社工委的委托下正式代理托管了北京市社会组织孵化中心，这也是北京市首个社会组织培育基地。

在《关于加强社会建设的决定》中，中共广东省委、广东省人民政府对社会建设、社会治理的方向和任务进行了设计，将其归为顶层架构，同时推动社工委在省市县创建。该组织兼具党委和政府职能，治理社会是其专项任务，其具有统筹与协调、决策和监督的功能。不同于北京、上海两地，广东省、广州市两级的社工委在成立之初依托于政法委运作，在社会治理中起到统筹与协调作用，并不直接负责社会组织培育基地的建设及管理。

与广东省、广州市两级的社工委相比，深圳市社工委成立之初不挂靠于市政法委，重在前端的社会建设，所以直接参与社会组织培育基地的建设过程。如 2015 年，深圳市福田区社工委（2018 年并入政法委）主导建设了深圳社会组织总部基地（福田），交由恩派公益和另一家具有企业背景的社会组织运营。这一基地的目标是建立以公益园区为载体的综合服务枢纽平台，功能既包括公益组织孵化，也包括党建工作开展、行业标准建设等。同年，深圳市在罗湖区设立了罗湖社会创新空间，由一家社工机构运营。

但在 2015～2016 年，深圳市社工委建制逐步被融入市政法委中。随着社工委这一建制的取消，这些原社工委主导建设的社会组织培育基地交由延续承接了社工委部分职能的政法委主管。2017 年，深圳市龙岗区政法委（社工委）为统筹引领全区社会治理创新工作，主导建立了龙岗社会创新中心，由深圳市社会公益基金会和一家社工机构负责运营。

3. 群团组织主导模式

2012 年广东省召开的第十一次党代会描绘了广东省社会治理工作开展的五年蓝图，指出应不断创新社会治理模式，深入改革社会组织管理体制，对社会组织进行孵化培育并规范其发展，加强管理，使人民团体活动方式不断创造和革新，使枢纽型社会组织体系逐步得以创建。在《广东省社工委关于构建枢纽型组织体系的意见》中，人民团体成为重点关注对象。该意见指出，"工会、共青团、妇联……要积极搭建社会组织服务平台，增强党和政府对社会组织的领导和带动作用，创造条件培育发展本领域的枢纽型组织……构建以自身职能为中心、覆盖广泛的社会服务网络。"在这一政策背景下，珠三角各地各级妇联、共青团、科协、残联等群团组织也被纳入社会治理的主体，承担起培育社会组织的工作。

深圳市妇女社会组织服务基地创建于 2012 年，主要服务对象为妇女、儿童及关于家庭的妇女社会组织，服务内容包括指引工作及注册，联系业务、策划项目，重点创建妇女社会组织促进会。2014 年，深圳市罗湖区懿贝斯女性社会组织服务中心建成。其致力于做好社会组织的党建及孵化工作，形成链接政府、社会等多方资源的共享平台，重点围绕以"联合党支部"为主体的"全区女性社会组织党员培养"、以

"她计划"为主体的"女性公益人才培养"、以"懿·创投"为主体的"女性社会组织培育"和"女性公益项目开发"等方面的工作推进，以建立女性公益资源体系、传播体系、行动研究、支持网络四大板块，打造社会组织枢纽平台。

广州市青年社会组织孵化基地成立于 2012 年，其发起者为共青团广州市委，运作者为广州市青年文化宫。培育和孵化社会组织是广州市青年社会组织孵化基地的主要功能，它围绕打造"枢纽型社会组织"的总目标，以"全面加强基层组织建设和基层工作，强化共青团社会服务功能"为主线，是广东省首个由共青团主导建设的社会组织培育基地。广州市科学技术协会于 2012 年 12 月成立了全国首家科技类社会组织孵化培育基地，该基地的指导单位是广州市科学技术协会，由广东博士俱乐部集团有限公司等三家企业单位具体承办和运营。

作为主管单位的不同党政群团组织在社会治理和社会组织培育中会分工协作。比如在深圳，政法委（社工委）系统与民政系统是承担培育社会组织工作的核心力量。深圳市政法委指出，对于社会组织改革发展工作，政法委（社工委）给予了相当多的关注和重视，并协同市民政局一方面转变政府职能，加快改革社会体制，加大培育发展社会组织的力度；另一方面加强对社会组织的引导和支持，并在建设社会工作上进行全方位推动。在实际的社会组织培育基地建设中，通常一个基地只有一个主管单位。如深圳社会组织总部基地（福田）和龙岗社会创新中心分别由两区的政法委（社工委）筹建，而其他各区的社会组织培育基地则主要由各区民政局筹建。

4. 混合模式

一个特殊的案例是顺德区。在深化行政体制和社会体制改革背景下，佛山市顺德区尝试以法定机构的形式融入多种社会治理主体力量来建立社会组织培育基地。这和顺德区作为"省直管区"的特殊身份密不可分。作为广东省乃至全国社会体制改革的试点，2011 年顺德区政府在《关于推进社会体制综合改革加强社会建设的意见》中提出"大力扶持社会组织发展……确保有一部分保障社会组织健康有序发展的制度、有财政资金支持、有项目驱动、有场地支撑、有充分理由的支持、有公众舆论的支持"。《关于规范社会组织管理　加快社会组织发展的实施意见》指出，对于要着重提升和培育的社会组织应充分明确，促进社会组织孵化基地的创建和社会激励机制的形成。随后，2012 年 6 月，顺德社会创新中心以法定机构的形式成立，其管理规定由人大常委会制定，以理事会为最高决策单位，在理事会中融入了不同的官办和社会力量。在第一届理事会中，区委区政府副秘书长暨区社工委常务副主任为当然理事，其他理事包括来自区委社会工作部、人力保障局、团区委、妇联等单位的领导，也有社区工作者、会计师、学者、律师等作为社会人员担任理事（孙俊川，2015）。

（二）运营主体

在政府职能转移的背景下，主导社会组织培育基地建设的党政群团组织并不直接承担社会组织培育基地的运营工作，而多以政府购买服务的形式交由官办枢纽型社会组织或社会力量运营。官办枢纽型社会组织多由社会组织服务中心、行业联合会或群团组织（及其下属机构）组成，而由社会力量经营的枢纽型社会组织则包括恩派公益、爱德基金会等承担公益孵化器职能的社会组织。

《关于构建市级"枢纽型"社会组织工作体系的暂行办法》（以下简称《暂行办法》）于 2009 年出台。在《暂行办法》中，北京市对"枢纽"的概念做出如下界定：它是市级联合性社会组织的一种，认定机构为市社会建设工作领导小组，该组织在政治上、业务上及管理上具有搭桥、领头和主管的职能。《广东省社工委关于构建枢纽型组织体系的意见》指出，应促进公平竞争机制的构建，通过组织引导、同类聚合、自然形成等多种模式，灵活采用社会团体、民办非企业单位、基金会的登记注册方式，组建联合型、服务型、项目型等枢纽型组织，建立枢纽型组织的认定机制，制定认定程序、评价标准、工作保障以及激励和管理等制度，认定一批枢纽型组织。

政府和枢纽型社会组织共同参与社会组织培育基地的管理工作，从而提升社会组织培育效能。在视社会组织培育基地为枢纽型社会组织的延伸或变体时，不能忽略其主体性由主管单位、运营单位共同塑造。同时，作为公共空间的社会组织培育基地，可以通过引进枢纽型社会组织入驻、联合办公、组织行业联盟、购买服务等方式容纳更多非运营单位的枢纽型组织并发挥它们的作用。

1. 由社会力量运营的枢纽型社会组织

在广州市、深圳市、佛山市顺德区三地中，深圳市最早采用了由社会力量运营社会组织培育基地的方式。深圳市社会组织孵化实验基地为该市首个培育社会组织的基地，创建于 2010 年，主导机构为深圳市民政局，由恩派公益在深圳的项目团队运作。直到 2015 年深圳市社会组织孵化实验基地转型为深圳市社会组织创新示范基地之后，深圳市社会组织总会对该基地进行运营，该总会即为刚成立的枢纽型社会组织。随后恩派公益又承接了由福田区政法委（社工委）主导建设的深圳社会组织总部基地（福田）的运营工作，同时引入运营基地的还有一家具有企业背景的社会组织——深圳市企创社会组织发展中心，但该机构并无孵化经验，而是由恩派公益为其提供孵化方面的技术支持与指导。深圳市之后建立的两家社会组织培育基地——南山区社创苑和罗湖社会创新中心由社工机构运作，而 2017 年成立的龙岗社会创新中心则采取混合模式，由一家社工机构和深圳市社会公益基金会联合运作。

2. 具有政府背景的枢纽型社会组织

由政府力量主导社会组织培育基地建设，并交由官办枢纽型社会组织运营的这一模式被广泛复制于广州各市区级社会组织培育基地建设中。在由民政系统主导建设的各级社会组织培育基地中，最早建立的广州市社会组织培育基地交由处级事业单位广州市社区服务中心（广州市社会组织服务交流中心）运作，随后建立的各区级社会组织培育基地则大多由各区社会组织联合会运作，如番禺区社会组织培育基地由番禺区社会组织联合会运作。在深圳市，部分地方政府采取了运营工作先由社会力量承担，而后通过培育本地枢纽型社会组织来转接基地运营工作的模式。例如，自 2015 年起，转型后的深圳市社会组织创新示范基地逐步取代原有的孵化实验基地，且其运营机构转变为深圳市社会组织总会；深圳市南山区民政局在已有社工机构运营区级社会组织平台的情况下，成立了另一家区级社会组织培育基地——"社创＋"社会组织服务中心，并支持成立了南山区社会创新促进会运营该基地。

3. 基金会参与基地共建模式

部分研究者认为，基金会主导社会组织培育工作也是社会组织培育工作开展的一种重要模式（丁惠平，2017）。例如，在运营社会组织培育基地上，长三角地区很多地方都选择了爱德社会组织培育中心。该中心的创办者为爱德基金会，它是具有一定政府背景，但由社会力量主导的基地运营者。而在广东省内，仅有深圳市社会公益基金会作为两家运营单位之一参与龙岗社会创新中心这一社会组织培育基地的运作，且不同于爱德社会组织培育中心，深圳市社会公益基金会带有较为浓厚的政府背景，其前身为 1992 年创立的由老促会主管的老区建设基金会，历任秘书长均为出身民政系统的官员，核心业务"公益创投"围绕深圳市民政系统的重要工作开展。

五　总结与讨论：珠三角地区多层级社会组织的系统特征、影响及展望

（一）历程回顾与功能变迁：从公益孵化器到区域社会组织支持平台

在社会建设逐步加强的总体背景下，依照社会组织孵化器模式建立的社会组织培育基地在建立之初就将孵化作为其核心功能。广州是我国重要的国家中心城市、国际商贸中心和综合交通枢纽，各方面配套相对成熟，社会治理的传统深厚。近年来，随着政府对社会组织的规制

日益减少以及对社会组织服务需求的日益增多，政府尤其是民政部门积极鼓励社会民间力量发展并促动社会组织孵化器的成长，但资源依赖、路径依赖和行政动员依赖是广州社会组织孵化器建设中长期存在的问题。深圳是我国改革开放前沿阵地、经济重镇，创新一直是其城市精神。随着粤港澳大湾区和社会主义先行示范区的"双区叠加"优势，孵化器建设具有多元主导主体、多元运营主体特征，民政、政法委和群团组织积极在条线中建设社会组织孵化器。佛山是制造业大市，顺德区具有历史形成的独特性。作为"省直管区"期间的社会体制改革试点单位，顺德区组建了以顺德社会创新中心这一试点法定机构为驱动的社会组织孵化器建设模式。

湾区三城的社会组织孵化器模式一方面具有各自的特征，另一方面呈现一些共同区域生态特征和功能转向。一是地方政府积极主导推动，先行先试。各行政主体通过政策颁布和机构设置积极行动探索社会组织孵化路径和模式。二是政社协同良性互动。无论是广州模式中的官办运营枢纽型社会组织还是深圳模式中的社会力量、基金会和官办社会组织的协同参与，抑或是佛山顺德模式中创新组建的顺德社会创新中心，都较好地与主管政府部门形成合力，通过政府购买服务或项目委托等方式以社会组织孵化为目标进行基地运营。三是整体而言，三地的社会组织孵化器的发展都经历了两个明显阶段：第一阶段在地方政策和竞争改革示范点上推动了社会组织培育基地的急速规模化建设；第二阶段在中央政策的统一部署下，强调规范化运作且功能呈现从社会组织孵化为主要目标向社会治理综合创新为主要目标的转型（见图1）。

2010～2014年，广州、深圳两地率先成立的多家社会组织培育基地均按照社会组织孵化器模式建立，培育社会组织为基地的核心业务。比如，2010年建立的深圳市社会组织孵化实验基地，旨在通过提供免费场地、资金、能力建设、资源网络、管理咨询等关键性支持，帮助深圳地区的初创期社会组织、公益项目和社会创业人才，5年间孵化了22家社会组织。广州市社会组织培育基地建成于2010年，共入驻60多家

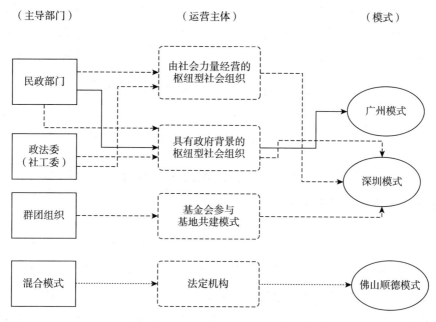

图1　不同城市社会组织孵化器培育路径

社会组织，其中被孵化的草根社会组织共 12 家。2012 年成立的顺德社会创新中心的定位为枢纽型平台，兼具智库研究、社会组织和社会企业培育、交流平台等功能。

随着社会组织孵化器的持续建设，部分社会组织孵化器模式呈现对入驻社会组织的培育功能逐渐萎缩或转移的现象。对社会组织和项目的培育工作开展模式也逐渐由对入驻社会组织提供"孵化申请—入壳—孵化—评估—出壳—后续服务"这一完整链条的孵化服务转为通过公益创投等支持行政区内的公益项目，基地则更多地承担了行政区内社会组织行业交流、智库研究等支持性工作，且依托培育基地内入驻的各官办枢纽型社会组织开展各项管理和监督工作，如社会组织等级评估、年检等。

2014～2015 年筹建的深圳社会组织总部基地（福田）在筹建之初就提出打造枢纽型平台而非孵化器的目标，而早在 2014 年福田区政府就创造性地提出，要比照经济建设领域的总部基地建设，打造社会组织总部基地，通过"政社、企社、社社、融社"的对接，将政府、社会和市场各方的资源整合利用起来，革新政府职能，逐步发展社会组织。当时，WQ 正担任福田区区长，他认为，如果将社会组织总部基地理解为便于社会组织聚集办公的地方，或者将其归类为一个纯粹的孵化社会组织的地方，就过于片面了。实际上，不断优先将崭新的运营模式推向全国，创设互动空间，大力推动政府、企业与社会组织展开合作交流，可以使三方资源能够充分利用和共享，促进优势互补。

（二）现行模式与未来展望：不同城市的党政群团主导下的社会组织培育路径差异与方向

不同城市的党政群团主导的社会组织培育基地在运营过程中，呈现不同的功能取向。在加强社会建设的背景下，依照社会组织孵化器模式建立的社会组织培育基地建立之初，孵化是其核心功能。而随着培育草根社会组织的任务的减少，其作为地区行业枢纽来支持地区内公益项目开展的功能逐渐凸显，并基于主管单位职能分工而产生了不同的业务开展方向。

政法委（社工委）系统的任务偏向基层管理和维稳。由政法委（社工委）主导的社会组织培育基地在业务开展和资助方向上，偏向社会治理领域内的项目。比如，由龙岗区政法委（社工委）主管的龙岗社会创新中心定义其服务对象是社会治理四大领域——心理健康、矫治安邦、法律援助、纠纷调处的初创社会组织。

由民政部门主导的社会组织培育基地则依靠入驻其中的枢纽型社会组织与民政部门共同承担地方社会组织管理的任务。比如，广州市社会组织培育基地主要领导从市社会组织服务中心（处级事业单位）调任，因而其组织架构和社会组织服务中心的组织架构基本保持一致，日常职能发挥均依靠业务主管单位相关部门的工作授权和资源授予，在人事管理上也受到业务主管单位较明显的人事干预，整个管理团队由社会组织服务中心委任。广州市社会组织培育基地的职能不仅包括社会组织培育孵化，而且包括受委托或竞标举办市级社会组织公益创投活动、社会组织登记评估工作等。

群团组织大多以议题为导向运营社会组织培育基地，如深圳、广州妇联系统各基地在入驻机构、自营项目、对外合作上均关注妇女儿童类垂直项目。目前共青团系统管理的各社会组织服务基地的运营大多处入停滞状态。

随着国家与社会关系在新时代的调适，尤其是在党政主导的社会治理模式下，社会组织是"社会协同"的抓手，其主体地位有待进一步厘清。而在社会治理的分析框架下，社会组织一方面被表述为社会治理多元主体中的重要组成部分，另一方面由于当前国际关系环境、国内政策和治理目标的变化，社会组织培育基地的培育功能不断弱化。基于珠三角地区社会组织培育基地的类型学和比较研究，本文认为，未来社会组织培育基地将呈现以下变化。一是功能变迁。基地将逐渐从公益孵化器转型为区域社会组织支持平台，为多元社会治理主体的生产和支持提供保障。二是目标变化。社会组织培育孵化的数量不再重要，更重要的是区域社会治理生态中多元主体是否丰富、运行是否规范、合作是否顺畅。如广州市番禺区社会组织培育基地提出"五社联动"基层社会治理创新模式等。三是模式变更。由民政等政府职能部门主导的社会组织培育基地正在不断调整运营模式和目标，增加智库功能等。由群团组织主导的社会组织培育基地则呈现整体萎缩状态。而由政法系统主导的社会组织培育基地则更多强调社会治理创新功能，表述为"社会创新中心""社会治理创新基地"等。这种模式的变更与分化将在未来实践中表现得更为明显。

（三）研究创新与不足

本文通过对珠三角地区社会组织培育的十年回顾和分析，以广州、深圳、顺德三地为例，展现了民政部门、政法委（社工委）、群团组织等行政体系主导建设的社会组织培育基地在发起脉络、运营主体、培育目标上的差异，以及随着国家政策变迁和行政体制改革产生的相应转向，从类型学意义上提出了多样化的社会组织培育路径，并对未来社会组织的培育方向做出展望。本文在以下两个方面具有一定的创新性。一是研究对象创新，本文首次聚焦粤港澳大湾区社会组织培育，对珠三角三地社会组织培育基地发展历程进行比较研究。二是研究维度创新，本文通过多案例比较法和长时间维度追踪研究，较为全面立体地对珠三角国家与社会关系分析框架下的培育基地功能变迁和背后机制进行剖析。本文通过研究对象和维度创新，呈现了区域社会组织培育基地发展的类型、过程和转向，回应了党中央在党的十八大、党的十九大及党的十九届四中全会中提出的共建共治共享的社会治理新格局构建中发挥社会主体的"协同"作用的地方文本，同时为其他城市和区域的社会组织培育孵化提供借鉴样本。本文更多关注政策变化和政府主体对培育基地发展的影响，缺少微观视角下对培育基地内部结构和政社互动的审视，未来研究应进一步补充和加强。

【参考文献】

陈鹏，2015，《中国社会管理创新体制模式研究——基于四种模式的案例分析》，《北京师范大学学报》（社会科学版）第 4 期，第 5～24 页。

丁惠平，2017，《支持型社会组织的分类与比较研究——从结构与行动的角度看》，《学术研究》第 2 期，第 59～65 页。

丁惠平，2019，《居间往返：支持型社会组织的行动机制——以北京市恩派非营利组织发展中心为个案》，《贵州社会科学》第 11 期，第 51～57 页。

段华明，2018，《粤社工委治理机制兼与京沪范式比较》，《广州大学学报》（社会科学版）第 2 期，第 56～60 页。

李翠萍，2012，《非营利性组织成长发展的新路径分析——以上海浦东公益组织发展中心为例》，《广西社会主义学院学报》第 2 期，第 83～86 页。

孙俊川，2015，《社会组织培育发展模式探索》，硕士学位论文，暨南大学。

王世强，2012，《非营利组织孵化器：一种重要的支持型组织》，《成都行政学院学报》第 5 期,第 83 ~ 88 页。

吴津、毛力熊,2011,《公益组织培育新机制——公益组织孵化器研究》,《兰
　　州学刊》第 6 期,第 46 ~ 53 页。

徐刚,2019,《社会治理之下社会组织孵化器的悖向依赖逻辑》,《湖湘论坛》
　　第 6 期,第 126 ~ 138 页。

徐家良、卢永彬、曹芳华,2014,《公益孵化器的价值链模型构建研究》,《中
　　国行政管理》第 12 期,第 20 ~ 24 页。

詹轶,2018,《社会组织治理中"同心圆"架构及其"委托 – 代理"关系——
　　基于 S 市枢纽组织的研究》,《公共管理学报》第 3 期,第 129 ~ 141 页。

周黎安,2007,《中国地方官员的晋升锦标赛模式研》,《经济研究》第 7 期,
　　第 36 ~ 50 页。

周雪光,2011,《权威体制与有效治理:当代中国国家治理的制度逻辑》,《开
　　放时代》第 10 期,第 67 ~ 85 页。

Brown, L. David and Archana Kalegaonkar. 2002. "Support Organizations and the Eval-
　　uation of NGO Sector." *Nonprofit and Voluntary Sector Quarterly* 31: 231 – 258.

基金会信息披露质量的影响因素分析

——基于山东省基金会的实证检验*

王 鑫 宋丽朱 武 幺**

摘 要： 基金会信息披露质量是保护捐赠者利益、促进慈善事业健康发展的关键要素。本文基于山东省 101 家基金会 2016～2020 年的年度报告数据，从组织特征、组织活动和组织治理三方面考察其与基金会信息披露质量之间的关系。本文发现，基金会专职人员规模和成立党支部对基金会信息披露质量产生显著的正向积极作用；公益项目和管理费用支出占比、理事会和监事会规模对信息披露质量虽有负向影响但不显著。提高慈善组织信息披露质量不仅有利于慈善组织的稳步发展，也是对捐赠者权益的一种保护。因此，有必要持续加

---

* 基金项目：国家社科基金重大项目"慈善组织的治理和监督机制研究"（20&ZD182）、"新时代大学生奋斗精神协同培育路径及评价体系研究"（20CKS041）；国家社科基金重点项目"民族地区社会企业与社会治理现代化问题研究"（20ASH002）、"发挥第三次分配作用促进慈善事业健康发展研究"（21&ZD184）。

** 王鑫，山东工商学院公共管理学院（公益慈善学院）副院长、副教授，硕士生导师，天津大学管理学博士，主要从事非营利组织管理、慈善组织发展、基金会能力建设等方面的研究，E-mail：18600141977@163.com；宋丽朱，山东工商学院公共管理学院（公益慈善学院）硕士研究生，主要从事非营利组织管理、基金会能力建设等方面的研究，E-mail：2020410063@ sdtbu.edu.cn；武幺（通讯作者），山东工商学院公共管理学院（公益慈善学院）讲师、公益慈善教研室主任，莫斯科大学社会学博士，主要从事公益慈善伦理与动机、公益慈善项目管理等方面的研究，E-mail：201813675@ sdtbu.edu.cn。

强基金会党建工作，完善内部治理结构，加强基金会专业人才培育和能力提升，提高基金会管理效率，并持续加大对基金会的监管力度。

关键词： 慈善组织　基金会　信息披露质量

一　引言

慈善组织是助力共同富裕的重要力量，是实现第三次分配的重要主体。基金会是聚集善款的重要组织载体，因此面临着机构信息披露、公众监督和问责等方面的压力。捐赠者和社会各界爱心人士对善款流向的了解和监督主要依托组织年度报告，慈善组织在报告中发布的及时、精简和更容易获取的信息可能会对捐赠者的选择产生积极的影响（Barber & Farwell，2016）。

《基金会管理条例》要求，基金会、境外基金会代表机构应当于每年3月31日前向登记管理机关报送上一年度工作报告，接受年度检查。《基金会信息公布办法》更加详细地规定了信息公布义务、责任和具体公开内容。《中华人民共和国慈善法》（以下简称《慈善法》）则为我国慈善组织信息公开在法律层面确立了一个纲领性文件，较为全面系统地规定了信息公开的主体、内容、对象、途径等方面，并允许处罚违反相关规定的慈善组织。信息披露与否、信息披露质量高低，都会直接影响公众对以基金会为主的慈善组织乃至整个慈善事业的信任程度。因此，以基金会为代表的慈善组织应当进一步提升信息披露质量，进而提高组织透明度和组织公信力，促进慈善事业健康有序发展。

二　文献综述

信息披露的本质是信息的公开，是指通过某个媒介向公众公开某一个（些）未知信息。早期企业和非营利性组织的信息披露研究为基金会信息披露提供了理论支撑。《美国 1933 年证券法》是最早提出信息披露制度的法律，因此聚焦企业信息披露的研究相对丰富成熟（沈洪涛、冯杰，2012；李正、向锐，2007；赵萱等，2015）。非营利组织在 20 世纪 70年代随着欧美国家政府行政改革运动的兴起而迅速发展（王智慧，2012）。由此，国内外学者对非营利组织信息披露研究相对较多。

基金会正在逐渐壮大，提高组织公信力刻不容缓，信息披露是提高组织公信力的关键路径。社会组织有效地披露信息可以降低信息不对称程度，进而增进多方互信合作（邵贞棋、赵西卜，2020）。基金会作为社会组织的一大主体，自然需要有效披露信息、披露有效信息。《慈善法》第一次明确界定了慈善组织，确立了慈善组织的法律地位和信息公开的相关规定（陈贵民，2020）。近年来，学者们对慈善组织信息披露的相关研究开始重视，主要集中在基金会信息披露体系构建、基金会信息披露质量影响因素和基金会提高信息披露质量三大方面的研究。

（一）基金会信息披露体系构建的研究

从信息披露的内容和体系要素来看，颜克高（2007）认为非营利组织信息披露应包括基本信息、财务信息、审计信息和非财务信息四方面内容；程博（2012）从法律层、指南层和披露层三个层面设计构建非营利组织信息披露总体框架，从而满足信息使用者的需求。

英国最早颁布慈善组织会计准则，年度报告以财务报表的补充文件形式出现，法定性财务报告披露和自愿性财务报告披露结合，共同组成较为完整的信息披露体系（刘亚莉、张楠，2012）。程昔武等（2014）吸取上市公司的信息披露经验，从财务信息的产生、发布和认证三个维度设计公益基金会财务信息披露指标体系。杨平波（2010）构建"目标 - 层次 - 内容"财务信息披露机制的基本框架。王伟红等（2020）将与信息披露质量评估相关的影响因素划分为信息内容、信息质量和信息获取三个层次，以此构建公益基金会在线信息披露的评估体系。

（二） 基金会信息披露质量影响因素的研究

1. 基金会财务信息披露质量影响因素的实证研究

研究发现，信息披露质量的主要影响因素是财务信息的披露（Carvalho et al.，2019）。贝恩等（Behn et al.，2010）认为，提高组织信息披露的质量可以理解为提高该组织财务信息在利益相关者眼中的可信度。会计信息披露质量的高低关乎基金会的可持续经营和稳健发展（汪惠玉等，2020）。刘亚莉等（2013）首次对我国慈善基金会的财务信息披露质量进行评价，其研究结果与尹飘扬、杨雪梅（2015）的研究得出较为一致的结论：第一，不同类型的慈善组织财务信息披露质量主要受管理效率、基金会类型和组织规模等的影响；第二，全国性慈善组织的财务信息披露质量要高于地方性慈善组织。

2. 基金会信息披露质量影响因素的实证研究

绩效信息的披露主要在慈善组织官网予以公开，且与捐赠金额呈正相关关系（Leardini et al.，2020）。刘志明等（2013）、刘丽珑（2015）和陈丽红等（2015）提出组织规模、理事会规模、组织管理效率及组织捐赠依赖度等因素在决定组织信息披露质量上起到了正向的影响作用。不同的是，刘志明等、陈丽红等借用自建信息披露质量评价指数对基金会信息披露质量影响因素进行检验，而刘丽珑则将中基透明指数（FTI）作为基金会信息披露质量的替代变量。同样采用该类指标替代方式的还包括吴海燕（2015），石争光、李宇立（2020）的研究。

（三） 基金会提高信息披露质量的研究

美国基金会的法律监管机制在立法体系上具有高度的整合性（冯辉，2013），基金会自愿进行信息披露得益于其完善的税收优惠制度（樊子君等，2013）。卡瓦略（Carvalho et al.，2017）研究发现审计与自愿信息披露呈正相关关系。依赖于企业合作的非营利组织自愿通过增加信息披露内容和提高信息披露质量来表现组织专业程度，以获取企业的信任（Sanzo-Pérez et al.，2017）。非营利组织被鼓励使用官网提高信息披露的透明度（Gálvezet et al.，2011），官方网络平台可有效约束和监督管理层的行为，有助于提高信息披露质量（程博，2019）。非营利组织借力网络平台及时披露组织信息，可以使公众对信息的获取更加方便，也有助于构建与社会公众的双向互动机制（张翠梅、张亚萍，2021）。

中国非营利组织响应全球要求提高透明度和问责制的呼吁（Hu et al.，2019）。中国政府通过"媒体+公众"的合作方式，发挥监管优势，对基金会进行全方位的监管（王伟红、崔竹青，2021）。通过自媒体网络平台公开信息，不仅有助于通过外部监督提高组织信息披露质量，还能激励其为维持资源获取能力而提高透明度的主观能动性，进而有利于提高社会公信力，形成良性循环（颜梦洁、李青，2021）。

总体来看，国外学者借助已发展成熟的信息披露手段和网络平台，总结基金会自愿进行信息披露的内生动力。国内大部分学者对慈善组织的信息披露质量研究仍停留在借鉴发展较为完善的企业信息披露体系，侧重于财务信息披露质量对组织整体信息披露质量影响的研究。本文正是基于这一背景，对我国慈善组织中的一类重要形态——基金会的信息披露现状进行分析，以山东省基金会信息披露质量的影响因素为研究对象，期望为我国基金会信息披露质量的改进和提升提供对策建议，助力中国基金会提高公信力。

三　研究假设和模型

（一）研究假设

1. 组织特征

组织规模。有学者运用政治成本理论分析组织规模对披露信息的影响，认为公司规模越大，受到政府管制机构、媒体、其他社会团体的关注就可能越大，因此越会主动地披露信息（李正，2006）。因此，组织进行信息披露的意愿也会更加强烈。基金会的规模越大，凝聚的公益资源越多，承担的社会责任也越大，就越能吸引政府、社会或其他社会组织的关注，基金会就更加需要通过信息披露来提高公信力。格林利等（Greenlee et al.，2007）发现，规模越大的组织，越可能设置内部控制和内部审计功能，减少欺诈行为，以提高信息披露质量。大部分学者将组织的年末总资产作为替代变量，因此，本文提出以下假设：

H1：基金会的规模越大，基金会的信息披露质量越高。

组织年龄。基金会这一组织的存续时间越长，基金会的制度制定、执行和管理效率、能力也会随之逐渐完善，从而为信息披露夯实坚实制度和管理基础。哈姆里克和芬克尔斯（Hambrick and Finkelstein，1987）把组织年龄作为"信誉累计"的重要因素，却忽略了信息披露质量对信誉的影响。刘丽珑、李建发（2015）发现，关于组织年龄对信息披露质量的影响结论不一，既有正相关，又有负相关，还有不显著相关，因此，本文提出以下假设：

H2：基金会的组织年龄与基金会的信息披露质量之间不存在显著相关关系。

2. 组织活动

公益项目开展情况。处在发展期的公司成长越快，对资金需求越大，充分披露信息才能树立良好的社会形象（张俊瑞等，2008）。倪国爱、程昔武（2009）认为通过信息披露扩大宣传，如同好的产品通过宣传拓展市场一样重要。慈善项目的发布、启动、验收和评比等活动牵动社会各方力量进行宣传、回访，因此提高了慈善工作的透明度（王万民，2013）。基金会开展的公益项目是社会了解组织治理和融入组织文化的最好途径，开展公益项目越多，对组织宣传的影响越大，政府和社会公众越能了解该基金会。同样，基金会就越需要通过信息披露赢得公众的信任，进而获得社会慈善资源。项目开展次数越多，对项目的管理会越完善，后续在新项目设计中越能纳入更加合理的逻辑框架、利益相关方管理、检测评估等板块（招商局慈善基金会，2019）。因此，本文提出以下假设：

H3：基金会公益项目开展次数越多，基金会信息披露质量越高。

公益支出与管理费用占比。基金会公益项目费用和管理费用的支出是反映组织财务情况的重要指标。现有研究侧重于基金会财务信息披露对信息披露质量的影响。研究者将管理费用支出作为组织管理效率的替代变量，基金会的管理效率越高，治理效果越好，就越能更加积极、主动地披露信息，提高公信力。刘亚莉等（2013）认为过多的管理费用会挤占慈善项目的支出，管理费用支出越小，相应的公益项目支出越大，越有信心向社会公众公开资金使用情况，进而获得捐赠，分析结果印证了这一观点。陈楚涵（2013）同样认为管理费用过多会占用慈善项目的业务活动成本，同时捐赠者希望善款更加高效、透明地使用在慈善项目上。刘志明等（2013）将"项目支出比"作为衡量组织财务管理效率的一部分，假设并检验得到组织管理效率对信息披露产生正向显著影响。"项目支出比"与本文"公益支出占比"概念一致，因此，本文提出以下假设：

H4：基金会本年度公益支出占比越大，基金会信息披露质量越高。

H5：基金会本年度管理费用支出占比越小，基金会信息披露质量越高。

3. 组织治理

理事会、监事会规模。理事会和监事会都属于基金会内部事务管理的决策者和监督者。《基金会管理条例》明确指出理事会人数为 5 ~ 25人，过多或过少的人数都可能影响决策的科学性和民主性。监事会的人数不少于 1 人，基金会的监事列席理事会会议，对各项决策和活动进行监督。萨克斯顿等（Saxton et al. , 2011）通过实验发现，理事会规模越大，机构披露信息的自愿性越强。理事会的规模是一个治理的标志，越大越多元的理事会可以更有效地发挥作用（Zhou et al. , 2021）。

规模较大的基金会通常设立监事会对基金会理事和管理者进行监督，

强化基金会的内部治理能力（傅昌銮，2014）。监事会具有独立性、合理性、适度性和民主性原则（傅昌銮，2014），监事会的存在对理事会行为形成一定约束，有利于减少舞弊现象，从而提高信息披露质量。张振新等（2011）认为监事会规模能够体现监事会的监督能力。规模较大的监事会不仅能对理事会和管理层的监管投入更多精力，还可以为组织吸纳多维度专业的员工，从而为理事会和管理层规范行事提供保障。刘丽珑（2015）认为监事会规模越大，监督作用就会越大。大部分学者以理事会和监事会人数衡量组织规模大小，因此，本文提出以下假设：

H6：理事会规模越大，基金会信息披露质量越高。

H7：监事会规模越大，基金会信息披露质量越高。

理事会会议召开情况。《基金会管理条例》要求基金会每年至少召开两次理事会会议，须有2/3以上的理事出席方能召开理事会会议。张立民、李晗（2013）认为会议召开次数能够反映出理事会对基金会治理的重视程度，会议召开的次数越多，越能对组织运作出现的重大风险进行把控。宫严慧（2016）也认为会议召开次数越多，理事出席率越高，能在会议决策中发表意见的理事也就越多，决策既能符合大多数理事的意愿，也更为科学。加尔韦斯等（Gálvez et al.，2011）提到频繁地召开会议往往能更有效、更好地控制公司，这将转化为传播更多更好信息的浓厚兴趣，使利益相关者能够了解他们做出的努力。因此，本文提出以下假设：

H8：理事会会议召开次数越多，基金会信息披露质量越高。

党建情况。全国社会组织党的建设工作座谈会提出要"切实发挥社会组织党组织的政治核心作用，把社会组织自身发展与坚持中国特色社会主义方向结合起来，保证社会组织健康有序发展"。① 檀雪菲（2007）认为社会组织建立党组织会增强组织认同感和管理透明化，

---

① 《赵乐际在全国社会组织党的建设工作座谈会上强调 切实发挥社会组织党组织的政治核心作用》，央视网，http://news.cntv.cn/2015/10/16/ARTI1444992338360501.shtml。

因为内部事务的参与权相对平等。毛志宏、魏延鹏（2020）从国有企业这一特定组织形式出发，研究得出党组织的嵌入可以有效解决企业所有者缺位、监管不到位的情况，减少因信息不对称而产生的问题，提升信息透明度，同时为中国特色公司治理注入新鲜血液。基金会的党组织嵌入亦可达到此效果，党组织大部分成员是理事和监事，可以避免出现因信息不对称而得出无效的组织决策和进行无效的组织监督的结果。基金会的党组织嵌入可以强化基金会的使命意识，更加符合公益愿景。基金会中的党员多为理事和监事，促使其充分践行社会责任，通过公开透明的信息披露提高公信力。因此，本文提出以下假设：

H9：已成立党支部的基金会信息披露质量高。

专职人员规模。唐维维（2010）指出自愿披露的信息内容属于赢利猜测性信息，许多公司往往愿意公开此类信息，其中包括人力资源信息。基金会的工作人员目前面临一人多职、一专多能的现象，因此从业人员需要通过不断学习来应对工作中的问题（韩雪松，2013）。杨满珍（2015）认为，官办慈善组织更应该加强员工的学习能力。卫玮（2015）选取组织专职人员比率作为组织学习能力高低的衡量指标，并且认为组织学习能力越强，基金会的绩效越高。由此，本文认为员工质量比员工数量更加重要。专职人员一专多能，可以使信息披露体现自身和组织的发展能力。因此，本文提出以下假设：

H10：专职人员规模与基金会信息披露质量不存在显著相关关系。

（二）模型建立

根据假设构建以下模型：

$$disclosure\ quality = B_0 + B_1\ scale + B_2\ age + B_3\ times + B_4\ cost + B_5\ admin +$$
$$B_6\ size\ L + B_7\ size\ J + B_8\ frequency + B_9\ CPC\ construction + B_{10}\ staffs$$

根据解释变量，本文加入控制变量绘制如下研究模型（见图 1）。

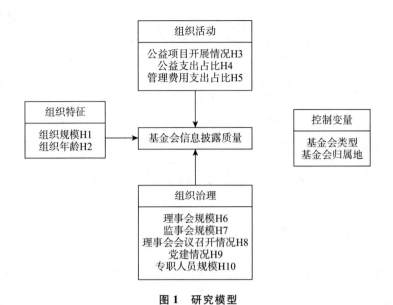

图1　研究模型

四　变量说明及检验结果分析

表1　变量及其含义

变量名称		变量符号	变量含义
因变量	信息披露质量	disclosure quality	基金会信息披露水平高低（FTI得分）
自变量	组织特征　组织规模	scale	本年度期末总资产（百万元）
	组织特征　组织年龄	age	组织存续时间（年）
	组织活动　公益项目开展情况	times	本年度公益慈善项目开展次数（次）
	组织活动　公益支出占比	cost	本年度慈善活动支出/上年末净资产
	组织活动　管理费用支出占比	admin	本年度管理费用/总支出
	组织治理　理事会规模	size L	理事会总人数（人）
	组织治理　监事会规模	size J	监事会总人数（人）

续表

变量名称			变量符号	变量含义
自变量	组织治理	理事会会议召开情况	frequency	本年度召开理事会次数（次）
		党建情况	CPC construction	是否成立党支部
		专职人员规模	staffs	专职人员总人数（人）
控制变量		基金会类型	type	基金会是（非）公募基金会
		基金会归属地	attribution	省管或地方管辖

注：由于部分基金会没有业务主管单位，本文按照基金会名称将其划分为省管或地方管辖。

（一）数据来源及变量说明

《慈善法》明确规定了信息披露的基本原则和基本内容，同时要求慈善组织应每年向社会公开其年度工作报告。因此，本文选取 2016～2020 年连续五年公开披露的组织年度（年检）报告作为样本。

根据基金会中心网显示，截至 2021 年 12 月 1 日，注册地在山东省的基金会总共有 278 家。本文首先在全国慈善信息公开平台搜索基金会的年报信息，针对无年报或少量年报的组织，再次在基金会官网手动搜索。剔除因以审计报告、工作总结代替年度报告等原因产生的无效数据，共获得 101 家基金会的 237 篇年度报告。经过数据清洗，除去因成立时间过短或未参评 FTI 等原因没有 FTI 得分的数据，最终共获得 166 篇年度报告。

表 2　变量说明

变量	代表意义
被解释变量	
信息披露质量替代变量：中基透明指数（FTI）	该指标是目前学界公认的衡量基金会信息透明度较为理想、科学、易得的指标。中基透明指数以直观数字化形式表现参评基金会信息披露质量的高低。
解释变量	
组织特征	
组织规模、组织年龄	基金会基本的组织特征

续表

变量	代表意义
组织活动	
公益项目开展次数	基金会愿意对公益项目投入精力的程度
公益支出占比	基金会对公益事业发展的促进程度
管理费用支出占比	基金会的管理效率
组织治理	
理事会和监事会规模	代表管理层规模，管理层规模大小既从侧面反映基金会规模，又影响内部治理
理事会会议召开次数	代表理事会参与基金会内部事务的管理与决策的程度
党建情况 替代变量：是否成立党支部	体现党在社会治理过程中的核心领导地位，推进社会治理不可脱离党总揽全局、协调各方的核心作用 已成立党支部=1，未成立党支部=0
专职人员规模	侧面反映基金会规模和管理效率
控制变量	
基金会类型	公募=1，非公募=0
基金会归属地	省管=1，地方管辖=0

（二）检验结果分析

1. 描述性统计分析

表3为各主要变量的描述性统计分析结果。在被解释变量样本中，FTI平均得分为61.74分，即信息披露质量平均得分为61.74分，最大值是100分，最小值为0.80分，信息披露质量的标准差较大，表明基金会信息披露质量并不理想。

解释变量中的基金会年末总资产相差悬殊，最少的年末总资产为106万元，可见基金会规模大小不一。基金会最长存续时间为39年，平均年龄在10年左右。

有效的158份数据显示，有基金会最多开展了70次公益活动，样本平均开展公益活动的次数约为12次。刚成立的基金会公益支出占比为0，而样本中基金会公益支出占比最高可达1983.04%，本年度慈善活动支出占上年末净资产的平均数值约为107%，可见不同基金会对慈善活动开展的重视程度存在差异。在 161 份有效数据中，管理费用占比相差相对较大，管理费用占本年度总支出最小值为 0，而最大值为 104%，平均管理费用占本年度总支出在 3.67%，符合《慈善法》规定的"管理费用不得超过当年总支出的 10%"。

理事会和监事会人数各有 154 份有效数据，理事会样本人数在 5 ~ 24 人；监事会样本人数在 1 ~ 7 人，可见基金会之间的理事会和监事会人员数量相差较大。召开理事会会议次数在 0 ~ 8 次，平均召开近 3 次，满足《基金会管理条例》规定的"每年至少召开两次会议"。

在披露的 155 份年报中，有 102 份年报披露成立了党支部，尚有 53 份年报披露该基金会未成立党支部，但不排除有的基金会后期成立党支部的情况。样本基金会中的专职人员规模相差较大，有的基金会没有一个专职人员，有的基金会最多有 18 个专职人员，平均每家基金会有近 5 个专职人员。

两个控制变量在所有年报中均有披露。其中，有 123 份年报体现出基金会为非公募基金会，43 份年报体现出基金会为公募基金会；有 19 份年报体现出基金会为地方管辖，147 份年报体现出基金会为山东省管辖。可见，山东省的基金会大部分属于省管，并且以非公募基金会居多。

表 3 描述性统计分析结果

变量	样本数量	均值	标准差	最小值	最大值
被解释变量					
disclosure quality	166	61.74	20.86	0.80	100
解释变量					
scale	165	66.82	231.13	1.06	2483.93
age	166	9.90	7.24	1.00	39.00
times	158	11.61	13.23	0.00	70.00
cost	161	106.73	282.20	0.00	1983.04
admin	161	3.67	9.06	0.00	104.00
size L	154	12.60	4.62	5.00	24.00
size J	154	2.20	1.11	1.00	7.00
frequency	158	2.42	1.19	0.00	8.00

续表

变量		样本数量	均值	标准差	最小值	最大值
CPC construction	0	155	53		0.00	
	1		102			1.00
staffs		155	4.85	3.60	0.00	18.00
控制变量						
type	0	166	123		0.00	
	1		43			1.00
attribution	0	166	19		0.00	
	1		147			1.00
有效个案数（成列）		148				

2. 相关性分析

（1）简单相关关系

由表 4 数据，可初步做出以下结论：基金会信息披露质量与组织规模（$r = 0.302$）、公益项目开展次数（$r = 0.219$）、专职人员规模（$r = 0.347$）、是否成立党支部（$r = 0.311$）均有正向显著关系（$p < 0.01$），即组织规模越大、公益项目开展次数越多、专职人员越多，成立了党支部，基金会信息披露质量越高。组织年龄（$r = 0.086$）、公益支出占比（$r = 0.023$）和理事会会议召开次数（$r = 0.149$）与基金会信息披露质量不存在相关关系。管理费用占比（$r = -0.092$）、理事会规模（$r = -0.08$）、监事会规模（$r = -0.002$）、基金会类型（$r = -0.048$）和基金会归属地（$i = -0.010$）与基金会信息披露质量不存在相关关系。

组织年龄与组织规模（$r = 0.395$，$p < 0.01$）、公益支出占比与组织年龄（$r = 0.287$，$p < 0.01$）均呈正向显著关系。

理事会规模与组织规模（$r = 0.259$，$p < 0.01$）、组织年龄（$r = 0.505$，$p < 0.01$）呈正向显著关系，且与组织年龄相关性更强；监事会规模与组织年龄（$r = 0.391$，$p < 0.01$）、公益支出占比（$r = 0.235$，$p < 0.01$）、管理费用占比（$r = 0.279$，$p < 0.01$）和理事会规模（$r = 0.425$，

表 4 10 项变量与基金会信息披露质量之间的简单相关关系

	scale	age	times	cost	admin	size L	size J	frequency	staffs	CPC construction	type	attribution
scale												
age	0.395**											
times	0.138	-0.078										
cost	-0.062	0.287**	-0.114									
admin	-0.095	0.149	0.030	-0.020								
size L	0.259**	0.505**	0.068	0.078	0.093							
size J	0.159	0.391**	-0.101	0.235**	0.279**	0.425**						
frequency	0.087	-0.147	0.038	0.124	-0.113	-0.324**	-0.170*					
staffs	0.290**	0.291**	0.243**	0.203*	0.276**	0.193*	0.234**	0.026				
CPC construction	0.196*	0.068	0.143	0.038	-0.291**	-0.030	-0.116	0.144	0.149			
type	0.149	0.468**	-0.261**	0.581**	0.285**	0.255**	0.503**	-0.112	0.304**	-0.103		
attribution	0.334**	0.441**	0.026	0.156*	0.112	0.273**	0.146	-0.096	0.091	0.145	0.083	
disclosure quality	0.302**	0.086	0.219**	0.023	-0.092	-0.080	-0.002	0.149	0.347**	0.311**	-0.048	-0.010

注：* 在 0.05 级别（双尾），相关性显著；** 在 0.01 级别（双尾），相关性显著。

$p<0.01$）呈正向显著关系，且与理事会规模相关性更强。理事会会议召开次数与理事会规模（$r=-0.324$，$p<0.01$）和监事会规模（$r=-0.170$，$p<0.05$）则呈负向显著关系。

是否成立党支部与组织规模呈正向显著关系（$r=0.196$，$p<0.05$），但是与管理费用占比（$r=-0.291$，$p<0.01$）呈负向显著关系，且相关性较强。

专职人员规模与组织规模（$r=0.290$，$p<0.01$）、组织年龄（$r=0.291$，$p<0.01$）、公益项目开展次数（$r=0.243$，$p<0.01$）、公益项目支出占比（$r=0.203$，$p<0.05$）、管理费用占比（$r=0.276$，$p<0.01$）、理事会规模（$r=0.193$，$p<0.05$）、监事会规模（$r=0.234$，$p<0.01$）均呈现正向显著关系。

基金会类型与组织年龄（$r=0.468$，$p<0.01$）、公益支出占比（$r=0.581$，$p<0.01$）、管理费用占比（$r=0.285$，$p<0.01$）、理事会规模（$r=0.255$，$p<0.01$）、监事会规模（$r=0.503$，$p<0.01$）、专职人员规模（$r=0.304$，$p<0.01$）呈正向显著关系，但是与公益项目开展次数（$r=-0.261$，$p<0.01$）呈负向显著关系。基金会归属地与组织规模（$r=0.334$，$p<0.01$）、组织年龄（$r=0.441$，$p<0.01$）、公益支出占比（$r=0.156$，$p<0.05$）、理事会规模（$r=0.273$，$p<0.01$）呈正向显著关系。

（2）偏相关关系

由表5可以看出，在控制了基金会类型或基金会归属地时，多数变量对信息披露质量的影响都带有欺骗性，只有党建情况和专职人员规模通过了检验，说明这两个变量与信息披露质量有很强的相关性。

表5　信息披露质量与各变量之间的偏相关关系

disclosure quality	type		attridution	
	偏相关系数	显著性	偏相关系数	显著性
scale	0.123	0.117	0.120	0.124

续表

disclosure quality	type		attridution	
	偏相关系数	显著性	偏相关系数	显著性
age	0.054	0.494	0.037	0.636
times	0.127	0.113	0.128	0.110
cost	− 0.040	0.614	− 0.040	0.611
admin	− 0.044	0.578	− 0.047	0.555
size L	− 0.040	0.619	− 0.063	0.441
size J	− 0.072	0.377	− 0.088	0.279
frequency	0.106	0.185	0.110	0.169
CPC construction	0.261	0.001	0.262	0.001
staffs	0.369	0.000	0.341	0.000

3. 回归分析

由表 6 可知，本文提出的假设模型在统计学意义上具有显著性，表明模型线性回归关系成立，全样本模型的拟合率达到 14.1%，非公募基金会子样本的拟合率为 21.3%，公募基金会子样本的拟合率为 58.3%，表明模型拟合度较好，公募基金会子样本模型的拟合程度高于非公募基金会。

假设 1 期望基金会的规模与信息披露质量有正向显著关系，从表 6 可以看出，组织规模与信息披露质量呈正向相关关系，但不显著，所以假设 1 不被支持。基金会的规模对信息披露质量有一定影响，即规模大的基金会信息披露质量高，但并不等同于规模小的基金会信息披露质量低。

假设 2 认为基金会的组织年龄与基金会的信息披露质量不存在显著相关关系。回归分析结果表明，二者之间虽然呈正相关关系，但并不显著，所以假设 2 成立。造成这种结果的原因可能是样本组织大多集中在 2018 ~ 2020 年，基金会年报的披露发展相对完善，因此未呈现显著相关关系。

假设 3 从公益项目开展次数角度分析基金会信息披露质量的影响因

素。从结果来看，公益项目开展次数不显著，假设 3 不成立。样本选取了刚注册成立到成立近 40 年的发展时间相差较大的基金会，随着时间的推移，基金会或从执行型基金会转变为资助型、枢纽型基金会，致使本组织公益项目开展次数减少，因此项目开展次数减少并不意味着基金会信息披露质量降低。

假设 4、假设 5 从组织财务管理情况出发考察了基金会对本年度公益支出和管理费用支出的占比，回归分析结果显示二者均无显著性，且呈负向相关关系，因此假设 4、假设 5 皆不成立。但从中仍能看出管理费用比公益支出对基金会信息披露质量的影响更大，想要提高信息披露的质量，良好的组织管理必不可少。

假设 6、假设 7、假设 8 着眼于组织的内部治理，认为理事会和监事会的规模、理事会会议召开次数均对基金会信息披露质量有正向显著影响。回归分析结果显示，理事会和监事会的规模对信息披露质量呈不显著负相关关系，理事会会议召开次数呈不显著正相关关系，所以假设 6、假设 7、假设 8 都不被支持。这说明理事会和监事会并不是规模越大越好，相反，若理事会、监事会人员过多，容易产生"事不关己"的想法，将应该履行的责任和义务置身事外，不利于理事会的决策效率、决策质量，监事会也不能起到及时、有效的监督作用。这也并不意味着理事会和监事会规模越小越好，只有一位理事或监事则容易导致决策垄断。因此，基金会应根据自身实际情况设置合适的理事会和监事会规模，理事会和监事会能够做出时效性、操作性强的组织决策便是合理的。

虽然结果显示理事会会议召开次数与信息披露质量不显著，但仍呈正相关关系，这从侧面反映了理事会会议召开次数越多，理事联系越密切、沟通越多，对基金会越了解，同时对内部事务的管理效率越高。山东省南山老龄事业发展基金会召开了 8 次理事会会议，讨论内容皆与慈善项目开展有关。但值得注意的是，理事会会议开展质量比开展次数更为重要，在多次召开理事会会议的同时要保证会议的效率和质量。

假设 9 提出已成立党支部的基金会信息披露质量高。回归分析结果证明，是否成立党支部对基金会信息披露质量呈正向显著影响，且影响较大。由此可见，党支部嵌入基金会，可以使组织决策、监督和执行更加透明有效。基金会党员带头参与公益项目，有助于建立良好的群众基础，使社会公众对该组织的认可度更高，更愿意对该组织进行捐赠；组织为了提高社会公信力，吸纳更多公益资源，更加主动公开组织信息，提高公开的信息质量，形成良性循环。

专职人员规模与信息披露质量呈正向显著关系，且显著性较高，由此假设 10 不成立。专职人员数量越多，组织内部相互制衡的能力越强，信息越公开透明，越能实现内部的多元监督，在此情况下，对基金会信息披露质量的要求也就越高。

另外，通过回归分析结果可以看出，基金会归属地对公募基金会的信息披露质量有负向显著影响，公募基金会的归属地对信息披露质量的负向影响远大于非公募基金会。公募基金会相对于非公募基金会更加需要公开透明，以取得社会信任，省管公募基金会比地方管辖的公募基金受到更多关注，因此对基金会的透明度要求也越高。从公募和非公募两个子样本的回归分析来看，二者之间没有太大差异。较显著的不同在于，非公募基金会的组织年龄对信息披露质量有显著的正向影响，而公募基金会则是不显著的负向影响；公募基金会的专职人员规模对信息披露质量呈显著正向影响，但非公募基金会对信息披露质量的回归系数并不显著。

表 6　回归分析结果

变量	全样本（$N = 148$）	非公募（$N = 111$）	公募（$N = 37$）
	49.836 ***	44.836 ***	71.187 ***
	(0)	(0)	(0.001)
scale	0.013	0.016	− 0.002
	(0.211)	(0.346)	(0.902)
age	0.501	3.374 ***	− 0.096
	(0.11)	(0)	(0.703)

续表

变量	全样本（N = 148）	非公募（N = 111）	公募（N = 37）
times	0.038	0.119	- 0.021
	(0.775)	(0.403)	(0.95)
cost	- 0.007	- 0.009	- 0.001
	(0.361)	(0.404)	(0.912)
admin	- 0.377	- 0.294	- 0.005
	(0.17)	(0.586)	(0.986)
size L	- 0.502	- 0.475	- 0.4
	(0.281)	(0.408)	(0.526)
size J	- 0.067	- 0.741	- 0.173
	(0.971)	(0.747)	(0.947)
frequency	0.382	- 0.108	- 0.962
	(0.804)	(0.955)	(0.67)
CPC construction	7.802 **	3.237	8.624
	(0.039)	(0.491)	(0.134)
staffs	1.919 ***	0.598	2.002 ***
	(0)	(0.447)	(0.005)
type	- 8.054		
	(0.162)		
attribution	0.852	- 6.707	- 19.667 *
	(0.88)	(0.309)	(0.066)
R^2	0.141	0.213	0.583
F	3.017 ***	3.706 ***	5.577 ***
VIF	< 2.5	< 2	< 9

注：*** 、** 、* 分别表示在 1%、5%、10% 的水平上显著。

五　讨论

（一）结论

本文基于山东省 101 家基金会 2016～2020 年的年度报告数据，从组织特征、组织活动和组织治理三大方面进行实证研究，研究的结论是，成立党支部和专职人员规模对基金会信息披露质量有显著正向影响，其余变量统计皆不显著，其中公益项目支出占比、管理费用支出占比、理事会和监事会规模的系数为负。研究结论与预期有一定的出入，原因可能是山东省许多基金会刚成立，未参加 FTI 评分或尚未建立官方网站导致大量数据缺失，这体现了山东省基金会信息披露质量研究的特殊性。

（二）建议

1. 完善基金会内部治理

基金会的特殊性使其董事之间不存在利益关系，其承担的维护基金会形象的职能对信息披露质量的提升具有一定的影响作用。理事会主要负责重大事项的决策，监事会主要负责规避不良事件的发生。因此，首先，理事会和监事会的规模都需要得到控制，若规模过大，则理事会成员无法充分发表自己的意见；监事会成员要确保每位理事都能充分发表意见，保证决策的科学性和合理性。其次，要确保理事会会议的高效。《基金会管理条例》要求基金会每年召开理事会会议不得少于两次，理事之间的交流越充分，在会议当中进行决策时就越能达成一致意见，提高决策效率。

2. 提高基金会管理效率

基金会管理效率体现在管理费用的支出上，但在实际工作中，管理效率主要体现在以下两个方面。

第一，基金会的管理机制。理事会是最高管理者，负责基金会的决策工作，制定大方向、大目标；管理层是中级管理者，根据大方向、大目标制定具体目标和计划；员工是终端执行者，执行具体的目标和计划。这就要求基金会的领导层要有较强的统筹、执行和领导能力，同时需对员工进行长期的专业培训。慈善行业人才短缺，因此基金会从业人员要不断学习新的知识以应对基金会发展存在的各种问题。基金会运作越专业，信息披露质量越高。

第二，建立良好的绩效考核和激励机制。基金会的公益性吸引大量志愿者参与基金会的项目、活动，建立绩效考核机制有助于基金会选择更加优秀的员工和志愿者，让组织在市场中充满竞争意识。激励机制是从物质和精神上鼓励员工和志愿者扎根慈善领域的长效发展机制。

3. 加大对基金会的监管力度

对基金会的监管是提高基金会信息披露质量的根本因素。基金会主要依靠外部善款生存，通过信息披露，接受社会公众对基金会的监管，基金会的透明度就会越高，越容易得到公众的信任，获得的善款就越多，基金会自身也会持续壮大。基金会的规模越大，信息披露的内生动力越强，进而形成一个良性循环。所以，信息使用者和社会公众对基金会的外部监管起着重要作用。随着互联网的发展，社会公众监督基金会的运作情况越来越便捷。基金会将项目信息、资金使用情况等内容披露在官方网站或者自媒体等多方平台接受社会监督，最需要社会对其进行反馈。基金会经此发现问题所在，并及时处理，也会提高群众的监督积极性。

基金会要建立内部审计制度。美国国内税务署鼓励基金会设立内部审计机构，加强基金会的自律监管。建立基金会内部审计制度可以弥补监事会制度的空缺，积极推进监管工作的规范化。内部审计人员对自家基金会的项目了解相对全面，在审计具体业务活动或者项目时可缩短了解时间，提高审计效率。

本文也存在一些研究局限。本文仅针对山东省 101 家基金会的 166 篇年度报告进行分析，研究结论是否能推广到全国基金会层面还有待进一步研究。

【参考文献】

陈楚涵，2013，《慈善组织为何自愿披露年度审计报告探析——基于信号传递理论的实证研究》，《中国总会计师》第 7 期，第 72～75 页。

陈贵民，2020，《〈慈善法〉的意义究竟何在》，《社会与公益》第 1 期，第 84、

97 页。

陈丽红、张龙平、杨平，2015，《慈善组织特征、信息披露与捐赠收入》，《当代财经》第 11 期，第 107~117 页。

程博，2012，《非营利组织信息披露系统体系设计》，《情报杂志》第 1 期，第 156~160 页。

程博，2019，《官方微博与非营利组织信息披露质量：自媒体真的有治理效应吗?》，《现代财经》（天津财经大学学报）第 7 期，第 52~67 页。

程昔武、纪纲、刘子怡，2014，《公益基金会财务信息披露指标体系设计》，《北京工商大学学报》（社会科学版）第 5 期，第 49~57 页。

樊子君、赵秋爽、李灿，2013，《美国基金会信息披露的经验及启示》，《中国注册会计师》第 3 期，第 119~123 页。

冯辉，2013，《我国基金会的法律监管机制研究》，《政治与法律》第 10 期，第 32~43 页。

傅昌銮，2014，《基金会内部治理机制的关键要素分析及评估研究》，《企业研究》第 8 期，第 12~14 页。

宫严慧，2016，《公益基金会组织治理与内部控制关系研究》，《财会月刊》第 18 期，第 47~54 页。

韩雪松，2013，《慈善组织人力资源》，《经济研究导刊》第 20 期，第 89~90 页。

李正，2006，《企业社会责任信息披露影响因素实证研究》，《特区经济》第 8 期，第 324~325 页。

李正、向锐，2007，《中国企业社会责任信息披露的内容界定、计量方法和现状研究》，《会计研究》第 7 期，第 3~11、95 页。

刘丽珑、李建发，2015，《非营利组织信息透明度改进研究——基于全国性基金会的经验证据》，《厦门大学学报》（哲学社会科学版）第 6 期，第 91~101 页。

刘丽珑，2015，《我国非营利组织内部治理有效吗——来自基金会的经验证据》，《中国经济问题》第 2 期，第 98~108 页。

刘亚莉、王新、魏倩，2013，《慈善组织财务信息披露质量的影响因素与后果研究》，《会计研究》第 1 期，第 76~83、96 页。

刘亚莉、张楠，2012，《英国慈善组织财务信息披露制度的启示》，《中国注册会计师》第 5 期，第 80 ~ 85 页。

刘志明、张兴杰、游艳玲，2013，《非营利组织在线信息披露质量影响因素分析——基于中国基金会的实证研究》，《中国行政管理》第 11 期，第 46 ~ 51 页。

毛志宏、魏延鹏，2020，《党组织嵌入对信息透明度的影响研究——来自国有企业的经验证据》，《软科学》第 8 期，第 12 ~ 18 页。

倪国爱、程昔武，2009，《非营利组织信息披露机制的理论框架研究》，《会计之友》（中旬刊）第 4 期，第 11 ~ 14 页。

邵贞棋、赵西卜，2020，《社会组织信息披露的框架体系研究》，《中国行政管理》第 9 期，第 91 ~ 96 页。

沈洪涛、冯杰，2012，《舆论监督、政府监管与企业环境信息披露》，《会计研究》第 2 期，第 72 ~ 78、97 页。

石争光、李宇立，2020，《高校基金会获赠能力影响因素研究——基于高校基金会样本数据的实证研究》，《新疆财经大学学报》第 1 期，第 47 ~ 55 页。

檀雪菲，2007，《关于新社会组织党建研究的若干问题》，《当代世界与社会主义》第 1 期，第 68 ~ 71 页。

唐维维，2010，《浅析公益性慈善组织的信息披露制度》，《中国商界》第 2 期，第 332 页。

汪惠玉、曹阳、张尹雅菲、谢梦圆，2020，《浅议慈善组织会计信息披露问题——以 Y 基金会为例》，《当代会计》第 2 期，第 76 ~ 77 页。

王万民，2013，《郑州市：慈善信息透明 政府监管到位》，《社会福利》第 9 期，第 24 ~ 25 页。

王伟红、崔竹青，2021，《基金会信息披露：制度演进、演进特征及优化方向》，《财会月刊》第 1 期，第 94 ~ 99 页。

王伟红、徐玉楠、朱蒙雅，2020，《层次分析法在信息披露质量评估中的应用——以公益基金会为例》，《中国资产评估》第 4 期，第 35 ~ 42 页。

王智慧，2012，《非营利组织管理》，北京大学出版社，第 1 ~ 2 页。

卫玮，2015，《公募基金会财务绩效影响因素的实证分析》，《中小企业管理与科技》（下旬刊）第 12 期，第 130 ~ 131 页。

吴海燕，2015，《高校教育基金会信息披露质量的影响因素研究》，《现代经济信息》第 9 期，第 193 ~ 194 页。

颜克高，2007，《信息披露与非营利组织失灵的治理》，《探索与争鸣》第 11 期，第 42 ~ 44 页。

颜梦洁、李青，2021，《政治关联与非营利组织透明度：自媒体监督的调节效应》，《公共管理与政策评论》第 2 期，第 129 ~ 141 页。

杨满珍，2015，《当代慈善事业与社会保障制度建设中的人力资源问题研究》，《市场论坛》第 4 期，第 43 ~ 46 页。

杨平波，2010，《产权视角下非公募慈善基金会信息披露探讨》，《财会月刊》第 15 期，第 36 ~ 37 页。

尹飘扬、杨雪梅，2015，《慈善组织财务信息披露质量的影响因素研究》，《商业会计》第 19 期，第 27 ~ 30 页。

张翠梅、张亚萍，2021，《我国民间环保组织信息披露问题研究》，《中国管理信息化》第 19 期，第 174 ~ 176 页。

张俊瑞、郭慧婷、贾宗武等，2008，《企业环境会计信息披露影响因素研究——来自中国化工类上市公司的经验证据》，《统计与信息论坛》第 5 期，第 32 ~ 38 页。

张立民、李晗，2013，《我国基金会内部治理机制有效吗?》，《审计与经济研究》第 2 期，第 79 ~ 88 页。

张振新、杜光文、王振山，2011，《监事会、董事会特征与信息披露质量》，《财经问题研究》第 10 期，第 60 ~ 67 页。

招商局慈善基金会，2019，《以评促建完善管理 立足长远建设品牌——招商局慈善基金会品牌公益成长之路》，《中国社会组织》第 10 期，第 38 ~ 39 页。

赵萱、张列柯、郑开放，2015，《企业环境责任信息披露制度绩效及其影响因素实证研究》，《西南大学学报》（社会科学版）第 3 期，第 64 ~ 74、190 页。

AL Moreno-Albarracín, A. Licerán-Gutierrez, C. Ortega-Rodríguez, et al. 2020. "Measuring what is not Seen—Transparency and Good Governance Nonprofit Indicators to Overcome the Limitations of Accounting Models." *Sustainability* 12.

Barber, P. & Farwell, M. M. 2016. "Charitable Solicitations Regulation and the Principles of Regulatory Disclosure." *Nonprofit Policy Forum* 7 (3): 311 – 338.

Behn, B. K., DeVries D. D., & Lin J. 2010. "The Determinants of Transparency in Nonprofit Organizations: An Exploratory Study." *Advances in Accounting* 26 (1): 6 – 12.

Carvalho, A., Ferreira M. R., & Lima S. 2019. "Web Disclosure of Institutional information in Nonprofit Organizations: An Approach in Portuguese Charities." *International Review on Public and Nonprofit Marketing* 17 (1): 41 – 58.

Carvalho, A. O., Rodrigues L. L., & Branco M. C. 2017. "Factors Influencing Voluntary Disclosure in the Annual Reports of Portuguese Foundations." *Voluntas: International Journal of Voluntary and Nonprofit Organizations* 28 (5): 2278 – 2311.

Gálvez, Rodríguez, M. del M., Caba Pérez, M. del C., & López Godoy, M. 2011. "Determining Factors in Online Transparency of NGOs: A Spanish Case Study." *Voluntas: International Journal of Voluntary and Nonprofit Organizations* 23 (3): 661 – 683.

Greenlee, J., Fischer M., Gardon, T., and Keating, E. 2007. "An Investigation of Fraud on Nonprofit Organizations: Occurrences and Deterrents." *Nonprofit and Voluntary Sector Quarterly* 36 (4): 676 – 694.

Hambric k, D. C. and Finkelstein S. 1987. "Managerial Discretion: A Bridge between Polar Views of Organizational Outcomes." *Research in Organizational Behavior* 9 (4): 369 – 406.

Hu, M., Zhu J., & Kong D. 2019. "Voluntary Financial Disclosure to Downward Stakeholders: An Empirical Examination of Chinese Nonprofits." *Public Performance & Management Review* 2: 1 – 26.

Leardini, C., Rossi G., & Landi S. 2020. "Organizational Factors Affecting Charitable Giving in the Environmental Nonprofit Context." *Sustainability* 12: 8947.

Lee, R. L. & Joseph, R. C. 2013. "An Examination of Web Disclosure and Organizational Transparency." *Computers in Human Behavior* 29 (6): 2218 – 2224.

Sanzo-Pérez, M. J., Rey-Garcia, M., & Álvarez-González, L. I. 2017. "The Drivers of Voluntary Transparency in Nonprofits: Professionalization and Partnerships with Firms as Determinant. " *Voluntas: International Journal of Voluntary and Nonprofit Organizations* 28 （4）: 1595 – 1621.

Saxton, G. D. , Kuo, J. S. , & Ho, Y. C. 2011. "The Determinants of Voluntary Financial Disclosure by Nonprofit Organizations. " *Nonprofit and Voluntary Sector Quarterly* 41 （6）: 1051 – 1071.

Zhou, S. , Zhu J. , & Zheng G. 2021. "Whom you Connect with Matters for Transparency: Board Networks, Political Embeddedness, and Information Disclosure by Chinese Foundations. " *Nonprofit Management and Leadership* 32 （1）: 9 – 28.

合作治理视角下社会影响力投资的模式及机制研究

——基于多案例的考察[*]

武　静[**]

摘　要： 作为社会治理的工具创新，社会影响力投资是利用商业手段创造有益于社会与环境的正面效应并高效解决社会问题的新型投资形式。本文根据合作治理理论，采用多案例比较研究方法将社会影响力投资的模式划分为政府主导模式、社会组织主导模式和企业主导模式。这三种模式在投资动力机制、资源配置机制和主体合作机制等方面具有不同的特征，在组织个体维度和生态系统维度具有不同的适用条件与潜在风险，从而对社会影响力投资的发展产生不同的效应。社会组织主导模式和企业主导模式更有利于社会影响力投资的良性发展。

关键词： 社会影响力投资　合作治理　投资动力　资源配置

---

[*]　基金项目："敦和·竹林计划"三期研究课题"社会影响力投资中的政社合作：模式、机制与路径"（2018ZLJH-WT04）；山东省社科规划研究项目"'放管服'改革中山东社会组织的合规性监管研究"（21DSHJ08）；山东省人文社会科学课题"山东省相对贫困治理中社会组织的资源整合研究"（2021-YYFX-10）。

[**]　武静，山东农业大学公共管理学院讲师，上海交通大学管理学博士，主要从事政社关系、社会组织、社会治理等方面的研究，E-mail：sun_wujing2011@163.com。

一 问题的提出

社会影响力投资（Social Impact Investment，SII）是一种旨在利用商业手段创造有益于社会与环境的正面效应并高效解决社会问题的新型投资形式。它源于公益金融的跨界合作，衡量标准既包括传统财务回报收益，也包括由投资带来的社会正效应。从投资工具来看，社会影响力投资处于传统投资和不寻求财务回报的筹资活动（如赠款、慈善事业等）的中间位置（Höchstädter and Scheck，2015）。这种中间性意味着社会影响力投资的工具较多，既包括私募股权、可转换债券、信用担保、天使投资等金融投资形式，也包括公益创投、社会影响力债券等结合更多社会因素的投资形式（刘蕾、陈绅，2017）。

社会影响力投资最早可追溯至 17 世纪英格兰贵格会将投资、购买决策与现实价值相联结的尝试（巴格－莱文、艾默生，2013）。2007 年 10 月，洛克菲勒基金会正式提出"影响力投资"一词。2009 年 7 月，全球影响力投资网络（Global Impact Investor Network，GIIN）在美国纽约正式成立。2010 年，摩根大通与洛克菲勒基金会合作发布了研究报告《影响力投资：一种新兴的投资类别》，首次将影响力投资认定为一种新兴并且正在融入主流投资界的投资类别。虽然社会影响力投资在中国起步较晚，但中国进行了一些探索。自 2012 年以来，中国影响力基金、"新湖·育"公益创投基金、禹禾基金等专项社会影响力投资基金相继设立。一些地方政府也出台政策鼓励社会影响力投资的发展。2018 年 3 月，深圳市福田区人民政府发布了《福田区关于打造社会影响力投资高地的扶持办法》，它成为中国第一份社会影响力投资的专门性政策文件。

社会影响力投资将投资回报、财政资金、社会捐赠、社会成效、运营服务串联起来，形成多元共治、多方合作、持续激励、运转高效的社会问题解决机制（曹堂哲、陈语，2018）。由于涉及政府、社会组织、社会企业、投资中介等多种主体类型，社会影响力投资中的主体合作模式逐渐受到学界关注。那么，中国的社会影响力投资应采取何种模式，才能实现社会目标与经济回报的有机结合，进而实现多元主体合作解决社会问题？不同的社会影响力投资模式将会产生哪些不同的效应？本文以合作治理理论为基础，基于中国社会影响力投资实践案例，提炼社会影响力投资的模式，以期为中国社会影响力投资的良性发展提供参考和借鉴。

二　文献综述与分析框架

（一）社会影响力投资的相关研究

当前关于社会影响力投资的研究主要集中在以下三个方面。

（1）界定社会影响力投资的主体类别。作为社会创新工具，社会影响力投资涵盖了个人、公司或机构的投资行为（李实，2015），能够将政府、市场、社会等三方主体融入一个协同参与的结构中，形成一个多元主体治理机制。有学者将社会影响力投资的主体界定为资金提供者、中介机构、资金使用者、社会价值购买者，认为社会影响力投资过程内含了公共治理的协同理念、资金运作的伙伴模式、可量化的影响力测量与灵活自主的管理创新（曹堂哲、陈语，2018）。另有学者根据多元主体在社会影响力投资中的角色与作用，将主体划分为四类：一是社会影响力资本的源头，包括政府、慈善信托和基金会、机构投资者和银行、公司、高净值人群等；二是投资中介，包括社会银行、社区发展金融机构、影响力投资基金经理、众筹平台、评估机构等；三是需要资金的社会影响力生产者，包括慈善机构、社会企业等；四是社会影响力的购买者，包括政府、基金会、个体消费者和企业等（唐娟等，2016）。

（2）探讨社会影响力投资的流程与环节。金仁旻（2015）在概括社会影响力投资参与主体的基础上，进一步将社会影响力投资过程概括为筹资、投资、退出三个阶段。筹资来源包括政府、基金会、个人或机构投资者等，投资过程可细分为筛选、评估和增值服务，退出方式包括引入新投资者、股权出售、转移给公共部门等。除了上述过程，有学者特别将投资项目影响力的评估视为影响力投资过程的极重要一环，包括财务评估和影响力评估，可通过 Gamma 模型实现财务回报和社会结果的结合（李艳，2017；Park and Lee，2018）。

（3）分析社会影响力投资发展所需的支持条件。Michelucci（2017）指出，高度资本化的基金会、专业化的中介机构以及国家政权的认可构成了英国社会影响力投资迅速发展的条件。此外，财务回报效应、投资项目的创新性影响以及具备某些特质（年轻结构、创业精神等）的投资者等会对社会影响力投资行为具有积极的正向影响（Schrötgens and Boenigk，2017）。还有学者强调了有影响力的慈善行为者在社会影响力投资中的作用，因为他们能够将政策制定者、金融家和慈善家联系在社会影响投资利益相关者网络之中，并可以利用科学合理的专业知识，推动政府采取以市场为导向的解决当代社会问题的方案（Mitchell，2017）。

概言之，既有研究明确了社会影响力投资的主体构成与过程环节，并探讨了促进社会影响力投资发展的某些积极要素。但大多数研究没有清楚说明多元主体在社会影响力投资中的角色与作用，以及在合作模式和运行机制方面究竟有何差异。因此，本文将基于国内社会影响力投资实践案例，提炼社会影响力投资的模式，以及不同模式的基本特征与运行机制，阐释其适用条件与潜在风险。

（二）分析框架：一个合作治理视角

合作治理是介于政府治理与自治理之间的复合性治理模式，是一种政府与非政府部门一起参与正式的、以共识为导向的、商议的、旨在制定或执行公共政策、管理公共事物或资产的治理安排（Chris and Gash，2008）。在合作治理中，政府与市场、社会组织的关系从等级和权威转向伙伴关系（吴正泓等，2021），旨在以跨部门或多元治理主体协同的方式来解决公共问题。合作治理通常包含以下要素：一是主体的多元性，包括广义的政府、市场和社会等主体类别；二是过程的协商性，即以沟通协商代替权力强制或者命令来达成共识；三是目标的多维性，即经济、政治、社会等多重目标的有机统一；四是机制的多样化，多元主体需要在各种运行机制之间形成整体性协同，才能有效地互动与合作（孙辉等，2021；唐莉晶，2021）。

作为不同治理模式的结合，合作治理将不同性质和目的的治理资源汇聚到同一治理过程中，形成资源与权力的共享与合力。主体掌握的资源对其行动能力也会产生影响，资源越集中在某一个或某一类治理主体，其单边行动能力越强，对应的治理模式作用就越明显（敬乂嘉，2011），进而会对主体间关系走向与运行机制产生影响。

社会影响力投资为不同领域的治理主体提供了参与平台，以社会影响力投资为纽带，政府、市场、社会三方主体被融入一个合作治理机制中，形成一个多元主体协同参与结构（刘蕾、邵嘉婧，2020）。无论是政府、企业还是社会组织推动的社会影响力投资，都可以有效地解决某一领域的社会问题，进而实现综合价值。在这个过程中，作为推动者的政府、企业、社会组织会积极提供自己拥有的资源，同时与其他主体达成共识，促进社会影响力投资的顺利进行。政府、企业、社会组织等不同主体在资源禀赋、组织理念、投资目标等方面存在较大差异，因此在社会影响力投资过程中，不同的推动主体会导致社会影响力投资的生成动力、资源配置、主体合作等方面存在不同，进而形成不同的投资模式。基于此，根据我国社会影响力投资的不同推动主体，可以延伸出三种社会影响力投资的模式：政府主导模式、社会组织主导模式和企业主导模式。

在调研过程中，根据推动主体的身份特征以及主体间关系，本文选择了三个社会影响力投资案例，分别涵盖了贫困治理、公益发展、养老服务三个投资领域，能够大致呈现社会影响力投资中不同的主体合作模式（见表1）。

表 1　案例概况

投资案例	投资领域	推动主体简介
山东 YN 县扶贫社会影响力债券	贫困治理	YN 县是山东省传统农业县、脱贫攻坚重点县。2015 年 7 月，YN 县在省扶贫办的指导下，开展了金融扶贫试点工作，通过财政撬动扶贫信贷，成效显著，但 YN 县"六个一"重点扶贫工程仍面临巨大资金缺口
N 机构投资"YB 计划"	公益发展	N 机构成立于 2006 年 1 月，是一家致力于社区服务、公益孵化、能力建设、社会企业投资、社创空间运营等领域的支持型社会组织。2016 年，N 机构与 D 集团合作，在 N 机构基金会下设了一个旨在以社会投资机制推动社会企业快速发展的基金——N 机构社会创投基金
YH 资本投资浙江 LK	养老服务	YH 资本成立于 2007 年 7 月，是一家专门从事股权投资的机构。2012 年，YH 资本引入国际影响力投资的一般准则。2018 年，YH 资本设立影响力投资专项基金"YH 基金"，并获得来自 ND 公益基金会 5000 万元的资金投入。此后，YH 资本聚焦低碳环保、健康养老、优质教育三个领域的投资，致力于推动国内社会企业发展

在选择案例时，主要依据有：山东 YN 县扶贫社会影响力债券是我国首次正式落地实践的社会影响力投资的创新形式，其推动主体与运作过程具有明显的政府背景；N 机构是中国领先的支持型社会组织，在社会投资领域进行了一系列尝试与探索，其推动的"YB 计划"是一种通过社会投资机制推动社会企业发展的形式；YH 资本是国内最早专业从事影响力投资的管理公司之一，是中国影响力投资理念的早期实践者，在投资理念与投资模式上比较成熟。

为最大限度地保证案例材料的真实性，本文的案例研究素材主要来自以下三个部分：一是全球影响力投资网络（GIIN）、中国社会企业与影响力投资论坛等机构公开发布的社会影响力投资的案例资料、研究报告、投资数据等；二是相关政府部门、社会组织、企业等官方网站发布的年度报告、新闻报道等，以及通过座谈会、深度访谈等形式获得的一手资料；三是对已经公开发表的学术文献、研究报告等进行的归档、整理和分析。

三 社会影响力投资的不同模式及机制

(一) 政府主导模式

政府主导模式是指以政府为主要推动主体、以行政机制为主要手段配置财政资金以及其他各类资源的社会影响力投资模式。政府主导模式主要反映的是政府的需求和偏好，政府在投资中扮演着多重角色，如目标确立者、投资发起者、资金提供者、服务提供者等。在政府主导模式中，实际的公共服务提供由政府定向委派相关职能部门或社会组织等来完成。

1. 案例描述：山东 YN 县扶贫社会影响力债券①

YN 县地处山东省沂蒙革命老区，是脱贫攻坚重点县。"十二五"期间，该县共有省定贫困村 125 个，占行政村总数的 22%，建档立卡贫困户 6.8 万户，贫困人口 11.94 万人，占农业总人口的 14%。2016年 3 月，YN 县提出要"以创新作为抓好脱贫攻坚"，并明确了 YN 县的脱贫攻坚目标：确保 2016 年全县 60% 以上贫困人口实现脱贫，2017 年基本完成脱贫任务，2018 年全部兜底完成。② 脱贫压力很大。

2016 年 12 月 23 日，山东省 YN 县扶贫社会影响力债券在中国银行间市场交易商协会完成注册及资金募集，并在银行间债券市场成功发行，发行规模为 5 亿元，期限 10 年，成为我国落地实施的扶贫领域的社会影响力债券。如图 1 所示，YN 县扶贫社会影响力债券的发行方和项目管理方是 YN 县城乡建设发展有限公司，承销商是青岛银行（主承销商）与中国农业银行（联席承销商），定向投资人包括中国农业发展银行、青岛银行、齐鲁银行、临商银行、青岛农商行 5 家机构，服务提

---

① 如无特别说明，本案例资料来自山东临沂市政府、YN 县政府等官网的公开资料，以及"三下乡"实践访谈资料、新闻报道、研究文献的整理分析。

② 参见满倩《脱贫攻坚走在前列 (7)：临沂 YN 立下"军令状" 2018 年消灭绝对贫困》。

供主体是 YN 县"六个一"扶贫工程具体实施部门,绩效评估主体是中国扶贫开发协会博士后扶贫工程中心,第三方担保主体是临沂城市建设投资集团有限公司。YN 县政府与债券发行方签订"六个一"扶贫工程购买服务协议,在存续期内定期向债券发行方采购扶贫服务。在收益结构上,采用"本金保证 + 收益浮动"方式,根据募集资金扶贫效果第三方评估结果实行阶梯定价,而债券收益根据评估结果相应浮动,浮动区间在 3. 25% ~ 3. 95%。

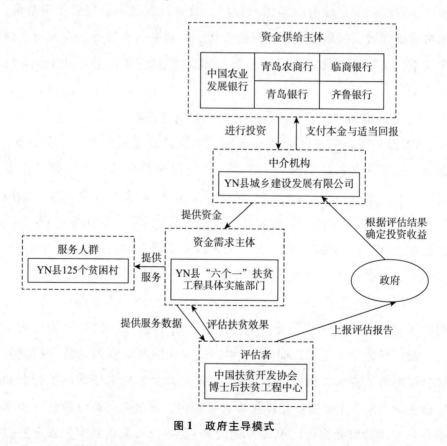

图1 政府主导模式

2. 政府主导模式的运行机制

第一,投资动力机制。政府主导的社会影响力投资的投资领域与运作机制以政府的职能需求和政策偏好为导向。据测算,YN 县"六个一"扶贫工程大约需要资金 6. 37 亿元。因此,社会影响力投资将会成为弥补财政资金不足的重要手段。自 2015 年 10 月开始，中国人民银行临沂市中心支行就开始配合上级行对西方社会影响力债券的运作机制、重点环节和结构设计等进行系统研究，最终确定将 YN 县作为首单社会影响力债券的试点地区，在落地期间，得到了人民银行总行、山东省政府、临沂市政府、交易商协会等诸多部门的指导与协调。因此，从生成和落地过程来看，YN 县扶贫社会影响力债券主要是自上而下的行政命令执行过程。

第二，以行政机制为主的资源配置。政府主导的社会影响力投资主要通过行政机制来配置财政资金或其他资源。行政机制是指政府基于自身的行政权威与信息网络，通过政策手段配置公共资源。在 YN 县扶贫社会影响力债券落地运作过程中，资金提供主体包括一家政策性银行与四家城市商业银行，它们虽然是独立法人，但是不可避免地会受到政策调节与行政干预，成为地方政府的 "准财政部门"（杨西水等，2020）。而募集资金全部用于精准扶贫项目，资金用途明确；扶贫任务的目标确定、扶贫服务的提供主体等仍然是 YN 县 "六个一" 扶贫工程具体实施部门，组织资金依赖于 YN 县政府财政的拨付，多元主体行为模式更趋近于行政部门，政府在这单社会影响力投资中承担了诸多责任。

第三，优势互补的主体合作机制。在政府主导模式中，来自政府、社会、市场的不同参与主体各具优势，社会影响力投资可以通过主体间的职能分工实现优势互补，进而建构多元主体的合作治理网络。多元参与主体通过结构化合同的签订，对依靠行政权力自上而下的资源分配模式进行了分解，按照多元治理主体的功能优势配置了权责范围，并重新构建了多元主体的治理网络。政府凭借其行政优势，能够引导公共服务的实施方向，更好地回应中央政策号召；第三方评估机构、中介机构等能够发挥其社会优势，为社会影响力投资提供客观的、科学的评估结果；机构投资者等基于市场优势，实现社会资金的募集，为公共服务提供充足的资金支持。

（二）社会组织主导模式

社会组织主导模式是指以社会组织为主要推动主体、以社会机制为主要手段配置社会资金以及其他各类资源的社会影响力投资模式。社会组织主导模式主要反映的是社会组织的宗旨与使命，社会组织在投资对象筛选、投资过程管理、投资效果评估等方面发挥主要作用，是社会影响力投资的主导者与资金提供者。政府扮演辅助角色，主要提供政策与合法性支持。在社会组织主导模式中，多元主体系统往往是多个投资提供主体与多个资金需求主体的复合结构，因而是一种更加典型的基于契约的合作伙伴关系（见图 2）。

1. 案例描述：N 机构投资"YB 计划"

2014 年 11 月 1 日，"YB 计划——中国公益保险项目"启动，其最初是由中国社会福利基金会益人义助联合劝募基金发起的、与新华保险北京分公司合作定制开发的一款服务公益人专属保险产品，服务对象是 18~64 岁的公益人，以公益组织身份提交申请。2015 年 8 月，YB 在北京独立注册 YB（北京）科技有限公司，正式转型为一家社会企业，立志建立包含公益人保险、体检、补充医疗等保障产品的公益人人力资源服务平台，致力于提升我国公益人的综合保障状况，价格仅为市场价的 1/2~1/10，成为中国首家公益人和低保障人群的综合保障服务平台。

2016 年 11 月，上海 N 机构下设的社会创投基金向"YB 计划"完成投资 100 万元，占 8% 股份与一名董事席位。在直接的股权投资之外，N 机构还为"YB 计划"量身定制了系统的发展计划：第一，N 机构携手 YB 共同推出"2016 年民间公益组织保险资助行动计划"，向 N 机构孵化和支持网络中的公益组织赠送 100 份总保额为 2100 万元的保险，帮助 YB 在公益行业内部进行品牌推广与宣传，扩大知名度；第二，N 机构为 YB 的项目战略发展、保险产品研发等提供执行性建议；第三，N 机构帮助 YB 建立完善的企业制度、财税体系以及规范化的管理流程。

N 机构投资"YB 计划"项目收到了良好的社会影响。第一，参保机构与服务人群迅速增长。2017 年，YB 计划完成参保机构 3755 家，比 2016 年增长了 122%；参保人数辐射 79889 人次，比 2016 年增长了 238%，2018 年上半年服务人次突破 15 万人次，实现了服务产品和服务人群的迅速扩展。第二，YB 自身获得迅速成长。2017 年 9 月，"YB 计划"获得中国慈展会"中国好社企"认证；2018 年 8 月，YB 在北京市第一次开展的社会企业认证工作中获得了三星级社会企业认证；2019 年 5 月，在 2019 中国成都社会企业投资峰会上，YB 荣获"2019 中国最具发展潜力社会企业 TOP 20"。第三，YB 积极助力解决社会问题。2020 年，"YB 计划"为抗击新冠肺炎疫情的 12 支救援队 181 位伙伴参保 YB 救援险，同时，YB 筹集资源为全国 65 家组织 1347 位救援伙伴提供了每人 100 万元免费抗疫保险资助。

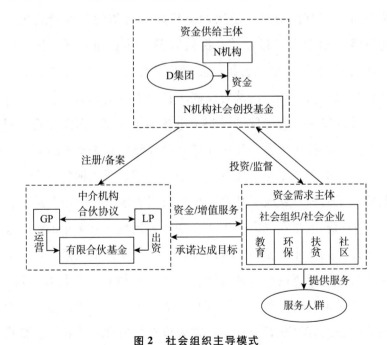

图 2 社会组织主导模式

注：GP 为成立于 2018 年 1 月的宁波 N 机构股权投资有限公司；LP 为 N 机构发行的社区服务专项基金。

2. 社会组织主导模式的运行机制

第一，投资动力机制。社会组织主导的社会影响力投资的投资领域与运作机制以社会组织的宗旨与使命为导向，是社会组织主动探索"公益＋金融"参与社会治理并发挥主导作用的模式。社会组织主导模式的投资动力在于：一是社会组织快速发展，需要探索解决社会问题、满足社会需求的创新、高效与可持续路径；二是社会影响力投资整合了公益与金融的有益元素，既能为资本带来新价值又能引领商业向善，为公益行业发展创造新的突破口。如上所述，N 机构的宗旨是通过创新实践和持续倡导影响政策、资源、服务、空间、人才等生态诸要素，促进社会组织、社会企业和社区自组织的成长，进而构建社会建设的支持体系。

第二，以社会机制为主、市场机制为辅的资源配置。社会组织主导的社会影响力投资主要通过以社会机制为主、市场机制为辅的组合方式来配置资金或其他资源。使用社会机制配置资源的典型表现是自主化、志愿性地实现自我目标，并提供互益、共益和公益性价值（傅小随，2016）。社会机制是社会组织主导模式的主要资源配置方式，具体表现在：首先，投资领域的确定反映了社会组织的宗旨与使命，N 机构主要关注社区发展、为老服务、亲子服务等，涵盖了素质教育、财商教育、安全教育、健康干预、社区养老、医养结合、为老设备等多个细分领域，其投资对象主要是上述领域处于初创期、成长期的社会企业；其次，投资对象的筛选反映了社会组织的公益诉求，N 机构在筛选投资对象时的一个标准就是在养老、少儿、亲子等领域已有多年的运营经验且 N 机构能为其扎根社区提供助力；最后，在建立投资关系之后，N 机构会利用其自身的资源网络与社会网络，如 N 机构社企孵化器、724 空间等，为投资对象提供各种投后管理与增值服务。市场机制也是社会组织主导模式的辅助资源配置方式，具体表现在投资评估流程上，如搭建有限合伙基金体系、建立严格的项目征集与筛选机制、执行兼顾社会效益的商业评估流程等。

第三，赋能提升的主体合作机制。与政府主导模式不同，政府在社会组织主导模式中实际参与有限，仅充当政策制定者的角色，更多的主体间合作发生在社会组织、投资对象、公众等主体之间。在社会组织主导的社会影响力投资模式中，社会组织与所投对象通过签订投资协议结成合作关系，其主体间合作机制主要呈现为两种形式：一是在投资中赋能，社会组织通过社会影响力投资赋予社会组织、社会企业以资金、能力和服务来激发内部驱动力，强化投资对象的有效参与并以此为基础增进社会效益；二是在竞争中提升，要求社会组织或社会企业通过尽职调查、评估筛选等竞争性程序之后，才能够获得社会组织的投资。投资对象除了获得直接的资金支持之外，还能够借助社会组织的资源与社会网络，获得战略咨询、能力培训、组织建设等增值服务，实现组织能力提升与可持续发展，进而创造社会效益与获取长期回报。

（三）企业主导模式

企业主导模式是指以企业为主要推动主体，以市场机制为主要手段配置商业资金以及其他各类资源的社会影响力投资模式（见图3）。企业主导模式主要反映的是企业的理念与价值观，企业在投资中扮演主要角色，包括投资领域确定、投资对象筛选、投资管理服务、投资结果验证等。与前两种社会影响力投资模式相比，企业主导模式主要受两种投资逻辑支配：一是承担企业社会责任，助力环境保护、弱势群体保护、教育、公益事业等社会问题的解决；二是追求财务回报，这种财务回报依出资人、资产类别、标的等而存在差异，可以低于或达到市场回报率。

1. 案例描述：YH 资本投资浙江 LK

浙江 LK 医养集团有限公司（以下简称"浙江 LK"）成立于 2006 年，现已发展成一家旨在为中低收入失能、半失能老人和残疾人提供专业医养结合养老服务的连锁医疗公司。浙江 LK 创立之初是一家以杭州本地老人为主要服务对象的社会组织，拥有 700 张床位，服务范围较小、服务能力有限、运营效率较低。随着我国老龄化趋势越发凸显、养老服务需求剧增，浙江 LK 开始寻求扩张之路，但在尝试与地方政府合作的过程中均因"非营利"的身份多次被拒绝。

2012 年，YH 资本通过对 21 个城市相关政府部门和 35 家养老服务机构的调查研究后，将养老产业尤其是半失能、失能老人的护理养老服务确定为投资重点。在考察了多家养老机构后，YH 资本最终确定浙江 LK 为投资对象，主要因为在于：第一，浙江 LK 专注老年人医养结合养老服务模式，符合 YH 资本的投资偏好；第二，浙江 LK 的创始人及其团队拥有医生职业背景，富有社会情怀与创业精神；第三，浙江 LK 能够接受 YH 资本的改制建议，将浙江 LK 由民办非企业单位转型为为半失能、失能老人提供医养结合养老服务的连锁医疗机构，用商业手段解决社会问题。

2014 年初，YH 资本为浙江 LK 提供 3200 万元融资，并提供了一系列专业服务。其一，帮助浙江 LK 进行战略定位调整，将服务对象定位在半失能、失能老人，并规划了"轻资产、嵌入式、医养结合、连锁经营"的发展模式。其二，帮助浙江 LK 建立完整的现代化公司治理体系，包括改造组织架构、引入高级管理人员、成立战略发展委员会、派驻"投后增值服务小组"，帮助浙江 LK 整合各方资源、完善经营管理流程、组织月度经营分析会议。其三，帮助浙江 LK 优化资本结构、提升品牌影响力等。

YH 资本投资浙江 LK 获得了良好的社会影响。2016 年，浙江 LK 完成 B 轮融资。2018 年 6 月，浙江 LK 又获得传统金融资本 YT 集团的战略投资。截至 2019 年底，浙江 LK 的业务范围已经拓展至养老、医疗、护理、教学、科研、文化、咨询贸易、健康养老八大领域，旗下拥有 17 家康复护理医疗机构、11 家养护机构、18 家原居社区日间照料中心、1 所介护职业培训学校、1 所老年科学技术研究所、1 所老年服务评估中心，可提供服务总床位 10000 多张，其中养护服务总床位 6000 多张，开放医疗康复住院床位 4000 多张，是目前中国最大的为半失能、失能老人提供医养结合养老服务的连锁医疗机构，也是国内医养结合养老服务行业的知名品牌。

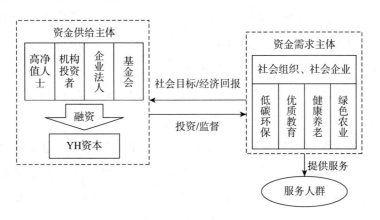

图3 企业主导模式

2. 企业主导模式的运行机制

第一，投资动力机制。企业主导的社会影响力投资是私募股权基金等商业机构主动使用商业手段解决社会问题的创新探索。企业主导模式的投资动力在于以下两个方面。首先是对经济回报的追求。根据最近一轮浙江 LK 股权交易价格测算，YH 资本持有的公司股权价值增长了近 6.8 倍，为股东创造了良好的财务回报，能够为出资人创造有竞争力的财务回报是企业进行社会影响力投资的直接动力。二是识别社会问题并践行企业社会责任的诉求。企业进行社会影响力投资，可以将持续解决特定领域的社会问题引入有财务回报的投资行为中，实现综合价值的整合，最终指向的是规模化解决社会问题，这是企业进行社会影响力投资的内在动力。截至 2019 年上半年，浙江 LK 累计服务半失能、失能老人 31148 人，覆盖居家老人近 10 万人，帮助近 5 万个家庭缓解了老人的护理压力，有效提升了公共医疗资源的使用效率。"LK 模式"也得到了政府和社会的广泛认可。2011 年，浙江 LK 荣获国家卫生部"医改创新奖"，为全国民营医院十家之一。2017 年，浙江 LK 被国家民政部授予浙江省首家和唯一一家"标准化示范单位"。

第二，以市场机制为主、社会机制为辅的资源配置。企业主导模式主要通过以市场机制为主、社会机制为辅的组合方式来配置资金或其他资源。作为通过自由竞争和自由交换来实现资源配置的机制，市场机制的典型形式是竞争机制和价格机制，它反映了市场供求、价格、竞争、风险等要素之间的关联（郑瑞强等，2017）。市场机制是企业主导模式的主要资源配置方式，具体表现在：首先，依据行业发展规律确定投资领域，YH 资本根据不同行业的周期变化与增长规律确定需要重点关注的细分行业与投资领域；其次，依据严格的投资标准筛选投资对象，YH 资本重点关注处于成长期的社会企业，并考察其创新特质与企业家精神，只有符合投资标准的社会企业才能进入 YH 资本的投资视野；最后，关注财务回报，YH 资本会在投资前、投资后、投资退出等各个阶段评估、测量是否实现预期目标。此外，社会机制是企业主导模式的辅助资源配置方式，如秉持创造社会效益原则，以解决社会问题为使命且有执行力的社会企业才会获得投资等。

第三，契约共赢的主体合作机制。与社会组织主导模式类似，政府在企业主导模式中充当政策制定者角色，多元主体间合作发生在企业（私募股权基金等）与社会企业、社会组织之间，公众则作为服务接受者最终受益。企业主导模式中的主体间合作机制主要包括两种形式。一是目标一致的契约原则。在社会影响力投资过程中，私募股权基金与被投社会企业签订协议，共同约定投资规模、投资产出、战略规划、经营策略等内容，双方基于契约共同实现创造社会价值与经济回报的目标。二是以公共价值为导向的共赢原则。与政府、社会组织天然的公共属性不同，企业主导的社会影响力投资之所以能够发生，是因为企业、社会企业等多元主体基于共赢原则所采取的行动，能够促进解决社会问题、实现公共价值。

四 不同投资模式的效应比较

随着我国社会治理创新的不断扩散与公益金融的深度融合，政府、社会组织、企业等不同治理主体相继加入社会影响力投资的探索中，相关实践案例也在不断涌现。不同的社会影响力投资模式没有好坏优劣之分，均有其特定的适用条件与潜在风险（见表2）。

表2 三种投资模式的适用条件与潜在风险

投资模式	适用条件	潜在风险
政府主导模式	政府拥有较强的创新意识、执行能力和较高的支持度，能够接受新兴的投资工具并承担失败风险	行政机制干预资源配置，拓展外部资源动力不足，投资运作与实际效果取决于领导者的支持力度
社会组织主导模式	社会组织处于发展成熟阶段，并具备足够的资金筹集能力、运营管理能力和投资运作能力	社会组织或社会企业整体发展欠成熟，难以通过竞争选择合适的投资对象；复杂的投资程序增加了时间、人力、经济成本，社会组织对投资复杂性与不确定性能力准备不足
企业主导模式	企业具有较强的社会责任感，市场中存在的或潜在的资金需求主体多，且与企业投资目标相匹配	企业的盈利逻辑使之更加倾向于获得稳定的、持续的经济回报，可能以此谋取暴利，造成投资结构失衡，忽视社会目标

为了兼顾经济、社会、环境等综合价值目标，社会影响力投资应该在投资对象个体发展和综合价值生态系统两个维度提供资源和机制支持。由于社会影响力投资的三种模式具有不同的适用条件并呈现不同特征，它们在实现上述目标方面存在显著差异，这诱发了三种模式不同的潜在风险。

（一）组织个体维度

社会影响力投资的直接效应在于促进投资对象的个体发展。通过资金注入和增值服务促进社会组织、社会企业等投资对象的持续发展，进而提供公共服务、解决社会问题是社会影响力投资的重要逻辑。社会组织、社会企业等投资对象的发展不仅需要专业知识与社会网络的支持，还需要制定科学的战略规划，以及有针对性的组织结构优化与经营管理提升等方案，也需要多样化的外部资源以降低组织的外部控制，而三种模式在满足上述需求中大相径庭。

政府主导模式以政府需求和政策偏好为导向，虽然以政府财政为保障能够保证资金的持续性，但多元主体更多地依靠行政命令进行投资运作，商业银行、社会组织等主体的组织能力、服务能力、商业实力等很难在政府规定的合作框架下进行专业性表达。政府主导模式虽然整合了丰富的资源，但以资金为主，参与其中的其他主体仅承担特定职责即可，政府对社会影响力投资的实际运作过程施加了过多的行政干预与领导者偏好，其他主体的自主性空间有限，很难在投资过程中实现本组织能力的提升。

社会组织主导模式与企业主导模式具有较高的相似性。社会组织与企业进行社会影响力投资更多以本组织的投资偏好与社会使命为导向，对社会组织、社会企业的知识创造、能力支持与专业资源注入更为充分。社会组织与企业能够通过引导、调动、联结社会和企业等外部资源，为投资对象的组织成长和社会服务搭建更为开放的资源网络。同时，社会组织与企业能够根据投资对象的发展阶段特征提供更具针对性的增值服务方案，包括战略规划、经营管理、营销宣传、治理结构等。因此，这两种模式能够显著增强投资对象个体的社会资本与组织能力。从这个维度上讲，社会组织主导模式与企业主导模式都代表了社会影响力投资未来的发展方向。

（二）生态系统维度

社会影响力投资的最终目的在于构建综合价值生态系统。建立一种包容开放的生态系统，将政府、社会、市场等多元行动主体整合到共同利益框架中以实现经济、社会和环境的综合价值，是社会影响力投资的最终指向。

政府主导模式所调动的资金规模与所受益的服务范围是其他两种模式所不能及的，并能够直接在政策层面对社会影响力投资的合法性予以确认，这对社会影响力投资的持续发展意义重大。但在实际运作中，政府主导模式反映了政府的需求与偏好，追求明确产出与短期绩效，甚至仅将其视为缓解政府财政紧张的手段。此外，由于引入时间较短、实践案例有限，政府主导模式的实际绩效仍有待检验。因此，如何实现社会影响力投资与政府购买服务、政府与社会资本合作等既有政策的配合与衔接，进而实现社会影响力投资的常态化与制度化，是亟须政府回应的关键问题。

社会组织主导模式与企业主导模式在促进投资对象个体发展层面优势显著。但这两种模式在进行投资对象筛选时更加强调市场竞争机制，这会选择、突出、强化有能力有活力的优秀社会组织或社会企业。但值得警惕的是，这种为了实现既定的财务回报而更加突出竞争的筛选机制，会使支持型社会组织与企业在甄别投资对象时造成两种结构性失衡：一是社会组织接受的投资规模有限，大多数资金流向社会企业以及履行社会责任的营利性企业；二是新设的社会企业或营利性企业获得的投资规模有限，大多数资金流向了知名的、业务能力较强的投资对象（刘蕾、陈绅，2017）。上述两种维度的失衡在现实实践中均已存在，这会固化中国社会组织发展业已存在的不均衡格局，侵蚀社会影响力投资内在的社会价值，对社会力量的整体成长不利。

五　结语

本文以社会影响力投资的模式为研究对象，运用多案例研究法，基于合作治理理论对社会影响力投资模式进行了划分，探讨了不同模式的运行机制、适用条件与潜在风险。在实践层面，本文对推动影响力投资在我国社会创新视域下发挥积极作用具有重要的意义。在理论层面，本文运用合作治理理论对社会影响力投资中的主体间合作模式进行研究，丰富了我国社会影响力投资的相关研究。此外，多案例研究法在社会影响力投资方面的研究亦具有一定的贡献。但是，本文仅选择将社会影响力投资的推动主体作为判别投资模式的关键变量，缺乏对政府、企业、社会组织等主体间多重关系与复杂环节的考察。选择案例较少则限制了研究结论的适用性。更为重要的是，主体权力结构、内在组织规范等对社会影响力投资模式有何影响，也需要进一步关注和研究。

当前，社会影响力投资正逐渐成为"慈善新前沿"的典型形态（萨拉蒙，2017），是中国各级政府社会治理创新的重要工具，也正在成为容纳多元行动主体与多重治理机制的重要空间。但是，这种新型治理工具能否在中国进行有效的本土化运用？以此为核心探究更具普遍解释力和适用性的公益金融工具，对提升治理绩效、推进国家治理体系和治理能现代化至为关键，需要进一步的研究与长期关注。

【参考文献】

巴格－莱文，安东尼、杰德·艾默生，2013，《社会影响力投资：创造不同，转变我们的赚钱思维》，罗清亮、王曦、唐浩译，上海财经大学出版社。

曹堂哲、陈语，2018，《社会影响力投资：一种公共治理的新工具》，《中国行政管理》第 2 期，第 88 ~ 93 页。

傅小随，2016，《政府、市场和社会的机制分野及其在国家治理中的政治统合》，《安徽行政学院学报》第 5 期，第 86 ~ 90 页。

金仁旻，2015，《新的投资方法：影响力投资的含义、发展与运行》，《铜陵学院学报》第 4 期，第 14 ~ 18 页。

敬义嘉，2011，《治理的中国品格和版图》，《复旦公共行政评论》第 1 期，第 26 ~ 50 页。

李实，2015，《公平与效率视角下的影响力投资》，《中国物价》第 4 期，第 63 ~ 65 页。

李艳，2017，《公益慈善与金融投资的整合：影响力投资的定义、缘起及挑战》，《北京电子科技学院学报》第 1 期，第 38 ~ 44 页。

刘蕾、陈绅，2017，《社会影响力投资——一种社会创新的工具》，《中国第三部门研究》第 14 卷，第 21 ~ 41 页。

刘蕾、邵嘉婧，2020，《社会影响力投资综合价值实现机制研究》，《中国科技论坛》第 10 期，第 150 ~ 159 页。

萨拉蒙，莱斯特·M.，2017，《撬动公益：慈善和社会投资新前沿导论》，叶托、张远凤译，社会科学文献出版社。

孙辉、刘淑妍、葛天任，2021，《"一核多元"合作治理导向的城市更新——基
于对上海市长白新村 228 街坊协商征收案例的分析》，《社会政策研究》第
2 期，第 47~62 页。

唐娟、程万鹏、刘晓明，2016，《影响力投资及其对我国政府投资的借鉴意义》，
《商业经济研究》第 8 期，第 172~175 页。

唐莉晶，2021，《合作治理问题研究——一个文献的综述》，《理论观察》第 1
期，第 62~64 页。

吴正泓、陈通、侯光辉，2021，《公共文化服务"项目制"合作治理主体决策
及逻辑冲突》，《管理评论》第 1 期，第 322~329 页。

杨西水、陈克鑫、张献和，2020，《政府诚信与城市商业银行发展：作用机理与
实证分析》，《当代经济管理》第 9 期，第 86~92 页。

郑瑞强、曹国庆、石寒，2017，《秩序重构：资源配置中的市场机制与行政机制
协调》，《宏观经济管理》第 11 期，第 89~92 页。

Chris Ansell and Alison Gash. 2008. "Collaborative Governance in Theory and Practice."
Journal of Public Administration Research & Theory 18 (4)：543 – 571.

Höchstädter, A. K. and B. Scheck. 2015. "What's in a Name：An Analysis of Impact
Investing Understandings by Academics and Practitioners." *Journal of Business
Ethics* 132 (2)：449 – 475.

Michelucci F. V. 2017. "Social Impact Investments：Does an Alternative to the Anglo-
Saxon Paradigm Exist?" *Voluntas：International Journal of Voluntary and Non-
profit Organizations* 28 (6)：2683 – 2706.

Mitchell K. 2017. "Metrics Millennium：Social Impact Investment and the Measure-
ment of Value." *Comparative European Politics* 15 (5)：751 – 770.

Park J W and Lee W. 2018. "A Study on the Social Impact Bond for Implementing the Im-
pact Investment in Korea." *Korean Journal of Financial Studies* 47 (2)：267 – 294.

Schrötgens J and Silre Boenigk. 2017. "Social Impact Investment Behavior in the Non-
profit Sector：First Insights from an Online Survey Experiment." *Voluntas：Inter-
national Journal of Voluntary and Nonprofit Organizations* 28 (6)：2658 – 2682.

我国群团组织的发展策略与改革路径

——基于 S 省法学会的案例分析[*]

曹金容[**]

摘　要： 加快群团组织发展是推进国家治理体系和治理能力现代化的重要方式。在群团改革的大背景下审视群团组织的发展路径，应回归群团组织的具体实践。本文以"中间区域""共建组织"为分析框架，选取 S 省法学会作为案例研究对象，发现群团组织经历了从"国家化"到"去国家化"再到"回归本位"的三个自我探寻阶段，并通过明确发展方向、回归会员、联系群众来挖掘自身优势、谋求组织发展。本文认为，新时期我国群团组织发展应回归"群众性"，通过会员来壮大自身实力，借助基层组织来构建发展平台，通过丰富群众活动践行"政治性"，从而提升"先进性"，回应时代命题。

关键词： 群团组织　法学会　共建组织

---

[*]　基金项目：四川省社会科学重点研究基地四川省纪检监察研究中心 2022 年度项目资助成果（编号：SCJ220303）；华东政法大学 2022 年优秀博士论文培育项目成果（编号：2022 - 1 - 022）。

[**]　曹金容，华东政法大学政府管理学院博士研究生，四川师范大学党内法规研究中心研究员，主要从事非营利组织管理、社会治理法方面的研究，E-mail：3159429964@ qq. com。

一 问题提出

发挥群团组织在社会治理中的作用，畅通市场主体、社会工作者、志愿者等参与社会治理的途径，全面激发基层社会治理活力，是党中央、国务院立足国民经济和社会实际为群团组织发展做出的重要部署，也是新时期群团组织的发展方向。我国的群团组织历史悠久、队伍庞大，自中国共产党成立以来一直伴随其成长。当前，我国群团组织的发展和改革已被纳入新时期国家治理体系的大格局之中，要求工会、共青团、妇联、法学会等组织适应社会发展，不断改革创新，回应时代需求。自 2015 年中央党的群团工作会议召开以来，群团组织发展迅速，在深化改革、拓宽群众参与渠道等方面取得了显著成绩，但与不断革新的时代命题相比，仍有需提升和进步之处。

群团组织是"群体性社团组织"的简称，是新形势下对人民团体、群众团体等概念的发展与创新（王向民，2015）。群团组织概念第一次出现是在 2003 年胡锦涛同志的讲话中，到 2015 年中共中央颁布《关于加强和改进党的群团工作的意见》（以下简称《意见》）时，群团组织的概念已经得到了较为广泛的应用。从当前我国群团组织的发展现状来看，过于强调政权建设和社会控制的职能，会使群团组织的群众性减弱。《意见》明确指出，我国的群团组织存在基层基础薄弱、吸引力和凝聚力不够、有效覆盖面不足、脱离群众等现象。透过现象看本质，这些问题的出现与群团组织定位不清、忽视群众等存在紧密联系，具体表现为以下三个层面。一是覆盖面萎缩。受资源和制度规则影响，群团组织过于对标自上而下的层级体制，导致自身发展受限，缺乏在基层开展工作的着力点和抓手。二是与群众需求脱钩。群团组织过度依赖党政部门的定向资源，在理念层面存在漠视群众的问题，较少反映群众需求，导致出现脱离群众的问题。群团组织和社会组织之间存在制度断裂，社会个体更加偏向于社会组织，而体制内人员则偏向于群团组织（邓宁华、杨立雄，2014）。三是会员发展不足。会员性质单一，导致与基层联系减弱，较少的会员活动和不到位的会员服务导致会员归属感不强。基于此，本文旨在探寻群团组织发展运作与社会发展逻辑的契合点，突破群团组织的功能障碍、覆盖瓶颈、脱离群众的困境，助推群团组织在群团改革背景下以有效的方式完成新时代、新形势、新任务下的自身职责和使命。具体而言，本文以 S 省法学会的实践为案例，尝试从以下三个方面展开论述：一是群团组织应当如何结合自身实际理解中央群团改革的精神，回应党对群团组织的要求和期望；二是基于对已有理论的思考，构建分析视角，重新审视群团组织的发展逻辑；三是立足法学会发展，探析新时期中国群团组织发展路径和实践策略。法学会作为典型的群团组织，长期以来充当着党和政府联系法学研究者和法律实务工作者的桥梁纽带，利用自身组织优势将分散的特定群众和组织联结起来，是推进全面依法治国、建设社会主义法治国家的重要力量。2020 年，中共中央印发《关于进一步加强法学会建设的意见》，为法学会发展制定了"三新目标"，即团结和带领广大法学法律工作者展现"新"担当、"新"作为，做出"新"的更大贡献，新时期、新目标、新要求成为以法学会为代表的群团组织必须回应的命题。有鉴于此，本文以在法学会的实际工作经历和参与式观察为基础，结合深度访谈等研究方法，考察 S 省法学会作为群团组织如何服务会员、对接群众、发展社会力量，采取哪些对策以及在上述实践过程中所展现的路径。本文试图以法学会为切入点，探寻群团组织发展的深层机理，破解当前群团组织面临的发展困境，为进一步寻求中国群团组织稳步前进提供依据。

二 文献回顾

中国社会是一个纷繁复杂的巨型社会，政府拥有强大的中央集权和统治能力，统治力量加强在各个领域的控制权，以确保国家的有效治理（曹正汉，2019）。相应地，各地区和民众组成的社会组织力量薄弱，本身缺乏凝聚力，主要依靠政权的支撑。最古老的组织是以氏族、胞族、部落为基础的社会组织（马克思、恩格斯，1985），它们以血缘、地域为基础，而我国的群团组织则是以中国共产党动员群众的政治需要为基础。虽然群团组织承载着独特的历史和时代价值，自成立以来延续着不同的时代使命，但归根到底，政治性和群众性仍然是群团组织的根本特点（习近平，2015）。群团组织不同于一般的社会组织，具有"双重属性"。一方面，政治性使其成为党政部门以外政权在群众中的"代言人"，是统治力量的组成部分。另一方面，社会组织的属性要求其必须为组织成员服务，代表群众向党政部门传递诉求，是群众力量的体现。因此，群团组织拥有了挖掘政权和社会力量的共通点、助推二者共同发展的可能。由于群团组织的特殊性，国外学者专门针对群团组织的研究较少，更多以非营利性组织视角展开研究（史密斯等，2018）。我国学者对群团组织的研究较早，在革命建设年代，关于群团组织的研究大多是由群团组织内部的工作者从实践工作角度展开的（胡献忠，2015）。

从研究视角来看，国内外研究基于以下三个层面的视角展开。一是立足于社会发展视角，探索社会自主和政治民主，将群团组织作为社会力量代表开展研究（Howell，2003）。这一研究视角关注公众意识的觉醒和社会结构的变化，重点突出群团组织的社会性。二是从群团组织职能出发，辨析群团组织在党和群众联系过程中的双重职能，尝试用合作主义视角来解释群团组织与国家之间的制度化、结构化联系，审视中国群团组织的发展过程（孙双琴，2002；褚松燕，2014）。这一研究视角认为，群团组织与国家力量形成了某种默契，从而更加偏向于国家意志主导下的社会力量整合。三是基于中国群团组织的特殊性，将群团组织视为单独行动者，正视其在中国语境下组织发展、建设的特征，尝试用发展理论来解释群团组织发展，如数字群团组织、第三域治理等（Clark，2005；李玉香，2013）。这一研究视角整体来看较为新颖，更加重视回归群团组织的自身特质和属性。

从具体内容来看，目前学界对群团组织的研究较多聚焦四个方面。

一是党政与群团组织的关系研究。这类研究一般立足于党和政府的治理需求，并结合群团组织的价值和功能展开分析，强调群团组织的独特政治优势（王学俭、王秀芳，2021；蒋永穆、黄晓渝，2016）。二是群团组织参与社会治理的研究。这类研究的核心是发挥群团组织的服务、联系和协作作用（张波，2016；彭恒军，2015），通过群团组织开展的多元活动提升社会治理成效。三是立足于群团组织的改革实践，进行组织功能建设。这类研究集中关注新时期群团组织的改革发展方向，分析组织建设（元晓晓，2020）、法治建设（闫斌、郭慧丽，2021）、体制机制创新（宋雄伟，2016）等。四是描述特定类型的群团组织的发展路径和实践逻辑，其中以工会（游正林，2010）、共青团（谭毅、杨波，2018）、妇联（高丽、徐选国，2020）为对象的研究居多。

现有文献对理解群团组织的现状、发展和困境具有相当大的贡献，但是不难发现，国家与社会的二元视角是从近现代西方社会发展经验中抽象而来的一种理论建构构造，其对中国群团组织的解释力并不强。而委托代理理论、合作主义作为社会组织研究的视角，因过于强调政府与社会组织的因素而忽视社会公众，难以回应当前出现的中国群团组织群众性弱化困境（邓宁华、杨立雄，2014）。法团主义理论重视集合成员利益参与政策，但无法避免忽视主体及其之间的关系，不免陷于组织独立和对抗的窠臼，难以回答中国群团组织取得的历史成绩。综合来看，既往对群团组织的行动逻辑和发展策略研究尚未从根本上回答中国群团组织发展的问题，缺少一定的具体实践和本土想象；针对群团组织的案例少有以工青妇组织之外的群团为视角的研究；群团改革中未有以会员发展为切入点，直面群团组织"群众性"时代命题的研究。换言之，立足于"群众性"[①]，以法学会为观察，研究群团组织内外关

---

① 与群团组织对应的群众有两层含义：一是拥有会员身份的群众；二是不具有会员身份的人民大众。官方文件多将群团组织的会员直接称为群众。如《中共中央关于加强和改进党的群团工作的意见》将中国特色社会主义群团发展道路定为"各群团自觉接受党的领导、团结服务所联系群众、依法依章程开展工作相统一"。本文沿用官方文件的表达。

系、互动和新时期群团组织发展路径仍然存在学术考察的空间（陈晓运，2015）。

三 分析框架："中间区域"与"共建组织"

在中国语境下，群团组织作为社会组织的一种类型具有特殊性。面对群团改革所引发的一系列时代命题和潜在风险，以"中间区域"与"共建组织"解读群团组织的发展意涵，可回答群团组织在改革发展新时期的深层问题，从国家政策、联系群众、发展会员、培养共识四个维度推动群团组织发展（见图1）。一方面，结合"中间区域"理解群团组织的自我探寻三阶段，可明晰群团组织发展历史、发展阶段、行为变化轨迹，进而总结23家群团组织的共性特征、发展规律和发展路径；另一方面，"共建组织"这一具有中国本土解释力的理论概念，可解释在中国特色社会主义发展道路中群团组织的定位、战略及身份区隔，为破解当前群团发展困境提供理论基础。

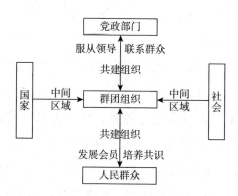

图1 "中间区域"与"共建组织"分析架构

（一）"中间区域"：群团组织在改革背景下的逻辑证成

我国的长期经验和实践表明，国家和社会之间存在一个"中间区域"（王川兰，2021）。在此区域中，国家和社会并非简单被分割或统合，而是共同发挥作用致力于推动政社协同发展（黄宗智，2003）。"中间区域"是一个相互作用的概念，在价值上相对于国家和社会，位于国家和社会的交叠地带，二者同时影响"中间区域"。群团组织是一种具有中国特色的中间力量，也是"中间区域"中的典型组织，支持"中间区域"发展和成长的基础是生存在其中的组织成员，即群团组织的会员。在中国群团组织的语境下，其经常表达为"所联系的群众"。

我国的群团组织客观上经历了从"国家化"到"去国家化"再到"回归本位"的三个自我探寻阶段。而这三个自我探寻阶段正是国家、社会等相互作用的过程，切合"中间区域"的非公域和非私域的定位。这三个自我探寻阶段体现了群团组织作为"中间区域"力图突破强势的国家意志政治作用和社会自主性发展的生命周期，以及在发展过程中寻找自身价值和定位的发展历程。第一阶段，群团组织向国家倾斜。乡绅成为除官僚外动员民众的重要力量，塑造着国家与社会之间的场域关系。中国共产党长期重视"中间区域"力量的培育和发展，致力于以解放和革命思维组建和发展群众组织，这成为群团组织在我国发展的政治基础。新中国成立之后，工会、法学会等主要的群团力量基本形成，伴随着国家力量的迅速发展，出现了"中间区域"力量大规模"国家化""制度化""政治化"的趋势。第二阶段，群团组织向社会回归。改革开放后，"中间区域"力量开始向社会力量发展，出现了大幅的"社会化"和"去国家化"趋势，社会组织的数量得到快速发展，类型日益丰富。进入 21 世纪，我国"中间区域"力量进入相对规范的发展阶段，大量法律法规出台，工会、共青团、法学会等群团组织免于登记，群团组织进入规范发展时代。有学者将这一阶段置于社会组织的大框架下，进一步将这一阶段细分为复苏发展、曲折发展、稳定发展三个时期（谢菊、马庆钰，2015）。第三阶段，群团组织进入正本清源时期（见图 2）。中共十八届三中全会召开后，社会治理成为时代命题，"中间区域"力量立足社会治理，在国家和社会之间寻找到平衡力量，在二者的交叠地带形成了"中间领域"（高丽、徐选国，2020）。随之而来的是群团组织深化自身的机构改革，在传统的国家与社会之间准确把握"中间区域"的定位，找到符合自身特征的运行模式。独立自主开展工作、回归群众，成为群团组织在国家治理背景下的发展起点。

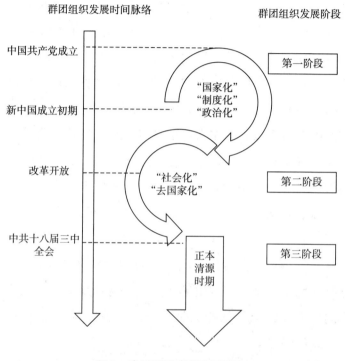

图 2　我国群团组织发展进路

（二）共建组织：组织的身份区隔与发展逻辑

基于对"中间区域"的解析，本文立足于新时期群团组织发展的多重需求，使用"共建组织"这一概念深化对群团组织的研究。中国的自治社会只存在于国家组织和控制的社会制度的边缘，社会组织作为社会的组织力量，不可避免地被卷入整体党政权力这一主导型的组织力量之中（郑永年，2021），并受人民群众的影响，形成了"共建组织"这一具有中国本土解释力的概念，国家（政治）原则和社会（社会组织）原则互动增能。"共建组织"是指为实现特定政治目标而组合起来联系群众，既代表一定的国家权力又代表社会力量党政部门与人民群众共同建设的社会组织。"共建组织"是一种政治组织模式。在这种模式中，群团组织的基本逻辑是在结构上服从国家的政治命令，并在各项制度上得到落实，即国家通过各种管理部门、地方政府和资源优势对群团组织的编制、人员、财政、场所等进行建设，以及对私人行为进行全面吸纳，关键要素切合"体制内"特征，使群团组织成为意识的贯彻力量而非自主意识来源，组织社会力量为党和国家权力的发展提供有力支持。同时，身份上代表群众，既将群众意见输入党政机关维护人民群众利益，又进行共识构建，引导群众听党话、跟党走。群团组织的会员多为体制内成员，工作人员也多有编制，经费和各种物资多来源于财政拨款，主要负责人、领导同志基本由党政主管或代管单位领导兼任。"共建组织"对外解释群团组织的长久存续和高速发展，对内解释不对称的国家、社会结构。在此语境下，群团组织发展便有"由内至外"的路径，即党将自身的理论、方针、要求等传达给群团组织，群团组织通过执行机构、会员代表大会等将内容转化为组织规章、要求，会员通过行动团结群众、落实组织要求，并将组织力量传到非会员的人民群众之间，人民群众再依托会员代表、志愿行动等形式助推组织发展，最终实现组织目的。

在"共建组织"的发展逻辑下，群团组织的会员成为群团组织与群众之间的联系和纽带，发挥着"末端神经"的关键作用。我国群团组织通过发展、联系会员，一方面动员、联系作为会员的群众，另一方面通过会员来联系、团结非会员的群众，最终达到将群众都团结在党的周围、在服务群众的同时夯实党的执政治国基础的政治目的。现阶段，我国仍然处于从"原子化的社会"向"组织社会"转型的时期（邓宁华、杨立雄，2014）。群团组织虽然相较于其他社会组织而言发展成熟，但根本上还需依赖环境获得生存（赵挺，2012），这在会员问题上表现得较为明显。从实践来看，虽然会员对于群团组织而言至关重要，但长期以来会员并未得到应有的关注和地位。当前群团组织普遍存在会员数量增长缓慢、脱离一线、代表性不足等问题，会员与群团组织之

间、不同群团组织的会员之间、会员与普通群众之间存在身份区隔。而
这种身份区隔正是"共建组织"不对称发展的结果。当国家权力试图
通过群团组织作用于人民群众并吸纳其为会员进行治理时，人民群众
本身会有一定的利益诉求，反映为对服务的需要和对组织的价值考量；
会员在被规范的同时必然希望得到一定的"资源互换"，但不可否认，
其自身力量又较为有限。具体体现为以下三个方面。一是会员难以通过
"资源互换"维护自身利益。党政部门主管的身份，加上长期以来管理
会员的定位，导致部分群团组织对"服务"性质认识不到位，在政策
和指导上更多出于政治考量。同时，群团组织的会员多拥有特定的身
份，或者说基于身份加入群团组织，虽入会时对群团组织怀有一定
"期待"，但自身难以具备"资源互换"的条件，导致期待落空。二是
会员与其他组织之间沟通不足。群团组织由于自身历史和无须注册的
政策优待，政治地位较高，与民政部门、其他社会组织多是平等的合作
关系（见图3），以会员为代表的组织成员与这些组织之间的交流较少。
三是组织会员与普通群众之间未形成有效沟通。悠久的历史加上显著
的地位让群团组织拥有自身的"骄傲"，部分组织虽意识到群众的重要
性，但在实际行动中较少以普通群众的需求为中心。这些问题导致

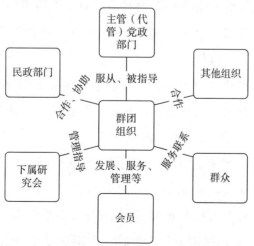

图3　群团组织与其他力量之间的相互关系

"共建组织"的不对称发展，在一定程度上阻碍了群团组织的发展，反之，也可能成为新时期群团组织回答时代命题的突破点。

四 案例呈现

本文研究的案例是 S 省法学会。S 省法学会成立于 2005 年 3 月，由中共 S 省委领导、省委政法委代管。S 省法学会现有行政编制 11 人，有会员部、办公室、学术部三个正处级内设机构。S 省委常委、政法委书记兼任会长，省委政法委副书记兼任常务副会长。截至 2020 年底，全省市、县两级共建设 204 个法学会、24 个研究会。本文所用材料主要来源于笔者在 S 省法学会工作的实际经历、参与式观察和后期的数次调研，笔者同时对法学会的多名会员开展深度访谈，以获取更为丰富的资料。

（一）观念性要素与发展方向

中国群团组织的发展乃至最终的组织转型能否实现，取决于在时代大格局下，群团组织能否明确自身"共建组织"的定位，贯彻党政意识，并对组织发展危机进行有效回应。对于群团组织而言，若未服从政治命令和国家政策，回归"群众性"并进入社会治理体系之中，可能意味着组织的生存危机。

法学会是典型的群团组织，《关于进一步加强法学会建设的意见》明确了其观念性要素与发展方向。S 省法学会把学习贯彻该文件作为重大政治任务，主攻服务性和群众性。实际上，在《关于进一步加强法学会建设的意见》颁布之前，法学会自身也意识到群众性问题。2017年，经中央全面深化改革领导小组批准同意，《中国法学会改革方案》印发。该方案针对中央提出的群众性问题，着重强调了"服务法学界法律界、服务广大人民群众"。此后，全国法学会开始直面群众性问题，有针对性地进行了一系列改革。2020 年 7 月，S 省委书记就省法学会工作做出重要批示，对全省法学会建设、推动法学会服务等提出了明确要求。在《关于进一步加强法学会建设的意见》颁布后，S省委政法委、省法学会印发落实文件和实施方案，并开展检查督促，确保群众性建设在基层的贯彻落实。

S省法学会在逐步强调群众性的基础上，开展了有针对性的"实体化、实战化"建设。S省法学会推动了基层法学会"实体化、实战化"建设，要求省、市、县三级法学会组织"全覆盖"。一是出台专门建设意见，要求机构"实"建（市、县全覆盖），人员"实"配（编制、人员到位），经费"实"保（财政拨款）。二是在县（市、区）、乡镇（街道）、村（社区）推广建立"嵌入式"三级法律服务工作平台，充分发挥法学会独特的法律专业、专家优势。三是在基层法学会中推动党组建设。截至2020年，全省市、县两级204个法学会中185个建立了党组，其余19个全部建立了党支部，24个研究会中20个同步成立了党支部。

（二）服务性要素与会员发展

会员是群团组织的基本力量。服务和发展会员可吸纳私人行为贯彻组织意识，一直以来其都是落实群团组织"群众性"的重要方式，也是"共建组织"能力的客观体现。近些年，法学会大力发展会员，会员数量增幅惊人。2020年，S省法学会新增个人会员7000余名、团体会员560余个；截至2021年底，S省法学会共有个人会员63151名、团体会员5878个，居全国各省（区、市）前列。实践中，S省法学会主要从发展会员、服务会员、培养专业型会员三个方面推进工作。

（1）发展会员。法学会发展会员的程序相对简单，有三个基本要求：一是把政治标准要过硬；二是要从事法律法学相关工作；三是必须向所在地法学会提交申请并通过。在此基础上，S省法学会一方面扩大会员基数，制定会员发展年度考核目标，要求近几年市县法学会每年的会员发展比例不低于30%。建立专门的"会员管理系统"，落实电子、纸质"双档案"制度，规范会员入会时的信息管理和审批程序。在个人会员集中的单位和团体会员中设立联络组或联络员，建立会员管理的长效机制。同时，通过召开联络员会议、会员代表座谈会等，了解会员需求，吸引会员主动加入。推进在团体会员和其他社会组织中有计划地发展个人会员，将发展高学历会员和在高校、研究机构发展会员作为工作重点。

另一方面整理会员信息。法学会会员中因死亡、工作调动、地址变迁等原因，出现大量会员档案内容不全、信息不准的情况，制约了会员服务和管理工作的开展。基于此，S 省法学会主要采取以下做法。一是对受到党纪政纪处分的会员的信息进行处理，主要包括受到撤销党内职务、留党察看、开除党籍处分的人员；受到撤职、开除公职处分的人员；被判处刑罚的人员等情况。二是对不符合会员条件的人员的信息进行处理，主要包括已死亡人员、长期不履行会员义务、不参加法学会活动及失去联系的会员。三是对会员信息进行完善。将"会员管理系统"中填写信息不全的会员暂时移出会员队伍；对信息无法补全或本人不愿意保留会员身份的，按退会处理。四是对重复录入的人员信息进行处理，将重复录入的人员信息统一从"会员管理系统"中删除。经过全面梳理，2020 年 S 省法学会共计修改并完善 5204 名个人会员、644 个团体会员信息。

（2）服务会员。一方面，保持传统服务会员活动。开展各类论坛、研讨会、报告会等学术研究活动和"法律顾问""法律志愿者"等实践活动。以学术研究为例，S 省法学会设定了法治实践创新专项课题，申请课题的基础条件之一是所有课题成员都必须是法学会会员。2020 年，S 省法学会从各界公开申报的 243 个法治实践创新项目中择优选出 33 个课题进行立项研究。同时，组织专家对省法学会与省社科规划办推出的 20 个省部级社科专项课题严格评审，从 107 个申请课题中评审确定 20 个课题予以立项。

另一方面，鼓励区县法学会创新开展活动。受新冠肺炎疫情影响，

S省法学会动员全省会员参与疫情防控法治服务工作，各市法学会、研究会积极组织会员及其法律工作者，通过微信公众号、微信群、抖音、快手等多种途径宣传传染病防治法、应急条例等法律法规，回应公众关切，提供法治建言。部分市县法学会在服务会员的同时，主动通过组织会员开展活动。S省M市法学会将学会工作嵌入基层社会治理，发挥"智囊"作用。截至2020年底，M市已在9个县（市、区）、134个乡镇（街道）、1376个村（社区）建立了工作平台。

（3）培养专业型会员。S省法学会一方面培育法学专家队伍，建立法律智库，助推专家队伍实现学术理想。依托全省法学会综合信息系统建设法学法律专家库，申请入库298人。注重吸纳"五老"（退休老法官、老检察官、老公安、老司法干警、老乡镇干部）会员和社会法律工作志愿者、调解能手、大学法律专业实习生等入会，推动重点行业、领域团体会员入会，发挥团体会员"虹吸"作用。另一方面，通过信息化联动专家会员。S省法学会开发建设了覆盖省、市、县三级法学会的信息系统网络平台，包括综合信息系统、S法学网、微信公众号、微博，具备法学研究、法律服务、法治实践、法治宣传、法治人才培养等综合信息管理、任务流程管理、工作绩效考评等主要功能。该系统投入使用后，实现了与中国法学会会员系统的兼容对接，解决了县级法学会不能通过现有中国法学会会员系统实现对辖区会员信息化管理的技术瓶颈，推进了法学会会员服务工作智能化管理。

（三）身份性要素与联系群众

通过会员联系群众是法学会组织社会力量为党和国家发展提供支持的主要方式之一，而法律咨询、法律宣传、调处矛盾纠纷等法律服务活动是其具体的实践形式。自群团改革以来，S省法学会在法律宣传、咨询和援助服务群众上取得了一定成效。S省各基层法学会依托综治中心，建设集合法律宣讲、法律咨询、矛盾纠纷调解、法律援助四项功能的"法律服务诊所"。据S省法学会统计，截至2020年底，由法学会主导的县级"法律服务诊所"规范建成率达到 100%，全省 5000 余名"五老"骨干会员参与"法律诊所"一线窗口服务。乡（镇、街道）"法律服务站"、社区（村）"法律服务室"实现全覆盖。"法治文化基层行"等活动进入企业、学校、机关、军营、社区，走入藏区、彝区成为特色亮点。2020 年，全省各级开展"双百"法治宣讲 7123 场次、"基层行"法律服务活动 33012 场次。

　　S 省各地方法学会也形成了一定的品牌效应。Z 市法学会推广建立 11 个线下"法律服务诊所"，建立宣讲、咨询、调解、援助"四支服务队"，2020 年全年问诊 120 场次，为 1.2 万人次提供法律服务。L 市法学会推广"微信群 + 法学会"法律服务新模式。N 市已有 78 个乡镇（街道）、445 个村建立了"当家人社区群"，解决各类矛盾纠纷隐患 8000 余件。LS 州组织专家、骨干会员进村入户，开展脱贫攻坚和禁毒防艾法律知识宣讲 10 场，受讲群众 1000 余人。Y 市法学会聚焦社会热点、难点，创办《法学前沿》专刊释疑解惑等。各地的群众活动加深了法学会与群众的联系，进一步提升了法学会的"群众性"。

五　S 省法学会行动中的"中间区域"与"共建组织"

　　S 省法学会的运作为全国法学会的发展提供了经验，同时为新时期群团组织的改革前行提供了思路。S 省法学会以回归"群众性"为价值起点，发挥"共建组织"优势，通过中央定向、省委发力、会长主抓、文件落实的形式，以会员为切入点，大规模培育基层组织，开展各项活动服务群众，并在群众中挖掘优势会员充盈组织，最终形成内生循环系统（见图 4）。事实上，S 法学会的发展一直面临群团组织的普遍性问题，现有行动很多时候都处于"探索"和"试错"阶段，但从已有的行动来看，其对"中间区域"与"共建组织"的定位、内涵表现出较深的切合度，发展态势良好。

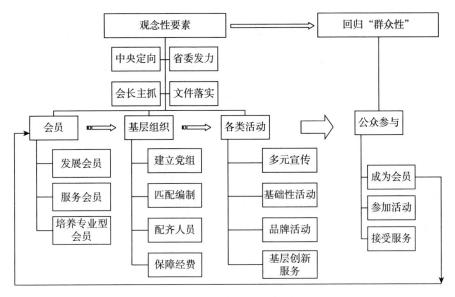

图4　S省法学会发展模式的简明架构

（一）明确"中间区域"定位，主动寻求发展

如前文所说，"中间区域"具有超脱国家和社会发展的自身特征和运行逻辑，群团组织介于社会和国家之间，是一种具有中国特色的中间力量。群团组织的发展要紧跟党和政府的发展需要，充分利用自身优势。一方面，坚决拥护党的领导，将"政治性"作为第一属性。另一方面，从思想上明确发展需要，以"群众性"为指引，有计划地推进自身改革，培养"核心竞争力"，寻求自身独特价值。S省法学会推动形成了从会员、基层组织到服务活动、公众参与在回归会员的循环系统，让群众在参与活动中接受法律服务，在接触会员时认可组织，在群众中寻找组织独立的价值，实现"群众性"的真正意涵。

法学会在探寻"中间区域"的独立定位时也经历了一个发展阶段，与"中间区域"三阶段相对应。以法律调解为例，我国清代以前的调解基本不会诉诸正式的官僚，而是由宗族内部、乡绅里长负责进行。民国时期，法院创设调解部门开始从事调解。新中国成立以后，国家便将调解，特别是民事调解，列入了司法部门的常规性工作之中。随着法学会的不断发展，其具备了一定的调解力量，20 世纪 60 年代初毛泽东同志亲自批示推广"枫桥经验"，部分调解组织形成，法学会成为调解组织的中坚力量。2003 年，习近平总书记再次明确要大力推广"枫桥经验"，培养了大量的社会组织参与矛盾调解，很多地方法学会意识到调解工作的重要性，积极发动会员加入"枫桥经验"实践之中，通过服务群众寻找自身定位，成绩显著。

（二）明确"共建组织"特性，回归服务会员本身

社会组织本身要求服务会员，我国群团组织的会员既是群众的代表，也是组织的基础。群团组织利用"共建组织"优势与主管单位积极联动，做好会员工作、落实会员服务、回应会员诉求，符合群团组织发展的价值逻辑，也是群团组织应对当前发展困境的最优路径和有效方式。

事实上，法学会明确"共建组织"优势和特性是一个发展的过程，法学会与会员关系经历的"吸收—管理—服务"三阶段也充分印证了这一发展过程。2007 年之前，法学会对会员多为"吸引、组织"，2007年后转变为"管理"，2015 年后回归"服务"。2005 年《中国法学会关于进一步繁荣法学研究的意见》第七款规定"采取多种形式，吸引会员广泛参与学术活动。……积极组织会员参加学术活动"，法学会对会员的管理方式以"吸引"和"组织"为主。2007 年之后，随着登记管理制度的日趋完善，法学会开始逐渐强调"管理"职能。2013 年《中国法学会章程》列明，法学会"做好管理、监督、服务和业务指导工作"。"管理"职能位于"服务"职能之前。2020 年中共中央印发的《关于进一步加强法学会建设的意见》明确要求法学会要做好会员发展、服务、管理工作，"服务"职能位于"管理"职能之前。法学会的职能定位经历了从"吸引""管理"到"服务"的转移过程，是组织适应自身定位、回应社会发展的需要、逐渐成熟的标志。

（三） 发挥组织优势，参与社会治理

在国家治理体系现代化结构中，每个群团组织都有不同但符合自身使命、宗旨的特殊职能定位，也有来自不同领域、不同行业的会员，通过不同的工作和活动联系不同群众，因此具有不同的组织优势。那么，应当如何将时代赋予组织的使命陈述转化为明确具体的行动目标（德鲁克，2009），在"质"的层面落实自身建设，既维持政治性，发挥引领其他社会组织发展的先进性，又夯实社会组织本身的群众性，助推社会治理纵深发展？最为有效的方式是在各项政策条件、制度条件和战略机遇不断优化的基础上，建立资源、服务、力量和人才向下流动的机制，在壮大自身实力的基础上，鼓励基层组织创新开展活动，挖掘自身组织优势，作为强大的组织力量参与社会治理，引领群众参与社会治理现代化构建。

从 S 省法学会的实践逻辑并结合组织发展现实情境来看，其开展一系列行动开始是为了壮大自身实力，作为"中间区域"回应组织的政治性、群众性需求。随着会员队伍的发展，在充分发挥"共建组织"优势的基础上，S 省法学会拥有了"新"担当的会员力量，搭建了"新"作为的基层平台，为社会做出了力所能及的"新"贡献。虽然在此过程中法学会依然面临着对党政依赖性强、会员评价较低、基层组织力量薄弱等问题，但正如有些学者所指出的，群团组织依托历史延续，充分发挥自身的有效性和合法性，已然成为多元社会治理格局的中坚力量（陆一琼，2020）。

六　结论与讨论

长期以来，中国国家对社会进行治理已形成了一种独特的范式。自新中国成立以来，党领导下的国家通过基础性权力来架构社会，包括县域制度、基层党组织、户籍制度、生育政策等，通过群团组织来组织社

会力量。群团组织通过发展会员、开展活动来联系群众，践行群众性的定位，最终达到服务群众、服务大局的目的。群团改革之前，群团组织更多强调的是"政治性"，"群众性"衰弱，会员服务更多的是管理，存在与基层群众"脱钩"的问题，导致组织定位不清、效能不足，难以适应新时代发展要求。群团改革视域下，以法学会为代表的群团组织逐步正视自身问题，强调"群众性"，以会员为切入点，培育基层组织，做实群众服务工作。

本文以 S 省法学会近年来的思想定位、会员工作、群众服务为蓝本，从群团组织在国家治理背景下的逻辑证成出发，构建了以"中间区域""共建组织"为核心的分析框架，从国家政策、联系群众、会员发展、共识培养等维度揭示了群团改革机遇和要求下，S 省法学会的行动方式、定位逻辑和服务措施，并进一步阐释了作为"中间区域""共建组织"的群团组织如何借助会员的培育和发展来提升"政治性""群众性"，从而提升"先进性"，回应时代命题。更为关键的是，S 省法学会通过回归会员来壮大自身实力，做强基层组织，构建基层党组织，切实服务群众的实践策略与经验，为其他群团组织深化改革、巩固政治地位、争取更多支持、创新性地参与社会治理等提供了参考方向。因此，"中间区域""共建组织"具有上升为更具普遍性的解释群团工作的空间和潜力。

【参考文献】

曹正汉，2019，《"强政权弱国家"：中国历史上一种国家强弱观》，《开放时代》
    第 2 期，第 2 页。

陈晓运，2015，《群团组织、竞合式镶嵌与统合主义的运作》，《青年研究》第 6
    期，第 19～27 页。

褚松燕，2014，《在国家和社会之间——中国政治社会团体功能研究》，国家行
    政学院出版社。

德鲁克，彼得，2009，《非营利组织的管理》，吴振阳译，机械工业出版社。

邓宁华、杨立雄，2014，《中国社会组织会员资格研究》，《人文杂志》第 6 期，第 111～121 页。

高丽、徐选国，2020，《中央群团改革视域下地方妇联购买服务的实践逻辑及其理论扩展——基于对上海 h 区的经验观察》，《妇女研究论丛》第 2 期，第 63～74 页。

胡献忠，2015，《改革开放以来群团组织研究述评》，《中共云南省委党校学报》第 5 期，第 145～151 页。

黄宗智，2003，《中国的"公共领域"与"市民社会"？——国家与社会间的第三领域》，社会科学文献出版社。

蒋永穆、黄晓渝，2016，《中国特色社会组织：内涵厘清与体系架构》，《上海行政学院学报》第 5 期，第 67～75 页。

李玉香，2013，《马克思的"自由人联合体"思想及其当代启示探析》，《辽宁行政学院学报》第 4 期，第 63～65 页。

陆一琼，2020，《应势而为：群团组织参与社会治理发展研究》，《内蒙古师范大学学报（哲学社会科学版）》第 2 期，59～62 页。

马克思、恩格斯，1985，《马克思恩格斯全集》（第四十五卷），人民出版社。

彭恒军，2015，《社会治理主体建设与群团组织的改革与创新——解读中共中央〈关于加强和改进党的群团工作的意见〉》，《工会理论研究》（上海工会管理职业学院学报）第 6 期，第 4～8 页。

史密斯，大卫·霍顿、赵挺、吴新叶，2018，《20 世纪 70 年代以来中国非营利部门的发展》，《中国非营利评论》第 2 期，第 230～258 页。

宋雄伟，2016，《群团组织改革必须依靠体制机制创新》，《中国党政干部论坛》第 7 期，第 32～34 页。

孙双琴，2002，《论当代中国国家与社会关系模式的选择：法团主义视角》，《云南行政学院学报》第 5 期，第 29～32 页。

谭毅、杨波，2018，《再造基层：共青团基层组织改革创新的理论审视》，《中国青年研究》第 6 期，第 46～52 页。

王川兰，2021，《中间层和"双面胶"：枢纽型治理视角下政社关系的创新与重

构——基于上海市 J 区基层社会治理实践的考察》，《西北师大学报》（社
会科学版）第 6 期，第 98 ~ 106 页。

王诗宗、宋程成，2013，《独立抑或自主：中国社会组织特征问题重思》，《中
国社会科学》第 5 期，第 50 ~ 66 页。

王向民，2015，《重塑群团：国家社会组织治理体系与治理能力现代化的制度定
型》，《工会理论研究》（上海工会管理职业学院学报）第 6 期，第 9 ~ 12、
34 页。

王学俭、王秀芳，2021，《中国共产党群众组织力建设的百年回望》，《甘肃社
会科学》第 2 期，第 9 ~ 16 页。

习近平，2015，《切实保持和增强群团组织的政治性先进性群众性》，《党建》
第 8 期，第 1 页。

谢菊、马庆钰，2015，《中国社会组织发展历程回顾》，《云南行政学院学报》
第 1 期，第 35 ~ 39 页。

闫斌、郭慧丽，2021，《新时代群团组织的法治功能及其完善》，《中共山西省
委党校学报》第 3 期，第 110 ~ 116 页。

游正林，2010，《60 年来中国工会的三次大改革》，《社会学研究》第 4 期，第
76 ~ 105、244 页。

元晓晓，2020，《新时代群团组织改革研究——基于宜昌市西陵区 "群团组织
带动型" 的调查分析》，《新东方》第 3 期，第 41 ~ 45 页。

张波，2016，《群团组织协作治理：一个社会网络的分析框架——基于 C 市的实
证分析》，《国家行政学院学报》第 5 期，第 101 ~ 105、144 页。

赵挺，2012，《公益服务组织与基金会的不对称合作及其矫正：基于秦巴山区两
个机构访谈资料的分析》，《中国第三部门研究》第 1 期，第 59 ~ 74 页。

郑永年，2021，《政党与发展中国家治理模式的选择》，《行政管理改革》第 9
期，第 4 ~ 8 页。

中共中央文献研究室、中央档案馆，2011，《建党以来重要文献选编（1921—
1949）》（第 1 册），中央文献出版社。

周雪光，2008，《基层政府间的 "共谋现象" ——一个政府行为的制度逻辑》，
《社会学研究》第 6 期，第 1 ~ 21 页。

Brandsen，T. 2008. "The third Sector and the Delivery of Public Services: An Evaluation of Different Meta-theoretical Perspectives. " *Osborne S. p. the Third Sector in Europe Prospects & Challenges*: 105 – 117.

Clark，Simon. 2005. "Post-socialist Trade Unions: China and Russia. " *Industrial Relations Journal* 36 (1): 2 – 18.

Howell，J. 2003. "New Directions in Civil Society: Organising around Marginalised Interests. " *Governance in China*, Rowman and Littlefield Inc, 145.

Smith，A. 2010. "The third Sector, Regeneration and Sustainable Communities: Rolling with the new Labour Agenda. " *International Journal of Sociology & Social Policy* 30 (1/2): 48 – 65.

中国社区治理的探索与启示

——评《社区中国》*

成鸿庚**

摘　要：社区治理是中国国家治理变迁与发展在微观层面的具体呈现。《社区中国》一书以一种超越式总结的手法荟萃了近十多年来中国社区治理的基层实践和理论思考，系统而深刻地揭示了中国社区治理的深刻内涵与研究路径。该书立足天人、古今、群己、中外的立体坐标式的研究方位，向读者阐明了中国社区建设的精神内核、社区政治的转型特征、社区治理的多样化形态等方面的研究内容以及最新研究进展，以学理论证和观照现实的写作手法阐释中国社区治理的逻辑链条。此外，该书还从服务传递、关系构建、治理优化、人文滋养、发展持续五个维度说明了社区建设的未来方向。该书为社区治理研究提供了一种新的理论生产视野，书中所提出的有机统一、生活政治、以法入礼、社区社会主义等诸多概念为

* 基金项目：国家社科基金重大项目"慈善组织的治理和监督机制研究"（项目号：20 & ZD182）。

** 成鸿庚，中央民族大学管理学院博士研究生，主要从事公益慈善、社会组织等方面的研究，E-mail：chengtengjiang@163.com。

我们理解"乡土中国—单位中国—社区中国"的基层治理发展进程提供了新的知识。

关键词： 社区中国　基层治理　生活政治　社区建设

一　社区中国的到来：嬗变中的社会形态

社会实践的新发展引导新的知识生产。在探索中国社会的特色运行逻辑中，费孝通（1998）提出"乡土中国"以理解传统中国的基本运作规律，由乡土性延伸而来的熟人社会、差序格局、礼治秩序等是表述传统中国社会形态的基本概念。随着新中国的成立以及国家建设的推进，乡土性的延续与城乡中国的形成同步推进，农业反哺工业、农村支持城市发展成为城乡中国的运行逻辑。一方面，城市的迅猛发展以单位制为基本的组织单元，并呈现规模化发展的趋势。考察从乡土中国到城乡中国的国家治理脉络可知，乡土中国依靠传统礼法关系和规则展开自治，而城乡中国则侧重于国家力量自上而下的权力运作，单位制作为一种社会组织方式的"理想类型"应运而生。另一方面，随着国家权力通过土地改革和集中化等一系列政治运动进入乡村，"人不离土"的传统观念逐步瓦解，"进城务工"与"守土为家"同时存在，乡村治理秩序发生根本性变革（董磊明等，2008）。至此，为满足社会治理目标协同国家经济发展需求，城乡二元体制与体制外二元格局逐渐形成（陆益龙，2010）。随着快速城镇化带动的城市体量的显著扩大，经济社会交往密集化带动社会秩序进一步"混乱"和"复杂化"，商品房小区出现，街居制伴随着陌生人社区的增多而发展定型（何海兵，2003；夏建中，2008）。城市病的出现催生了城市治理的需求，单位制作为一个"理想城堡"逐步瓦解，无论是城市还是农村，决定治理绩效的情理法规则都发生了质变，单位中国得以迈向社区中国（刘建军，2016）。

社区中国的到来引发了社区治理研究的转型。从20世纪90年代社区建设运动开始，关于社会治理转型以及社区治理的研究议题成为学术论争的新领域。早期相关研究集中于探讨社区治理的基本意涵（魏娜，2003；陈伟东、李雪萍，2003）、社区治理结构转型（王雪梅，2005；张虎祥，2005）、城市社区治理模式（刘娴静，2006）；中期议题开始转向深层次的社区治理关系讨论，针对社会资本类型与基层治理关系（陈捷、卢春龙，2009）、业主权力与公共参与（陈鹏，2009）、三社联动和社区社会组织参与（吕青，2012；高红，2011）、合作共治与社会工作参与（朱仁显、邬文英，2014；朱健刚、陈安娜，2013）等社区治理的各个介入维度展开了细致的案例探索；后期随着社会治理理念以及实践进路的成熟发展，社区治理研究成果和著述颇丰，围绕网格化治理及其他社区治理创新讨论数量繁多（姜晓萍、焦艳，2015；陈荣卓、肖丹丹，2015；曹海军，2017），同时学界在不断反思社区治理结构及其治理意涵的达成（陈家喜，2015；吴晓林，2015），对党建引领社区治理以及技术治理等新兴社区治理方略（曹海军，2018；张晨、刘育宛，2021；吴旭红等，2022）进行创新阐释。尽管社区中国的总体实践还处于并未完全定型的发展过程之中，但是《社区中国》一书在某种意义上表达了一种理论转向和实践总结的学术建构。在一种急速转型的社会背景中研究社会基本结构的变迁，研究者需要克服的不仅仅是来自外界变动频繁的信息流和认知流，更为重要的是，需要时刻与自身的认识瓶颈作斗争。《社区中国》就是不断在与以往卓越的理论洞见对话的基础上，以为社区中国已到来，并揭示社区中国背后的变迁逻辑，为深化基层治理和国家治理的学术研究提供整体性的理论知识。

二 社区中国的基本框架与运行逻辑

完整抽象出以"社区"描述和定义"中国"基层变迁全貌需研究者具有强大的知识储备和逻辑思维能力。《社区中国》是刘建军教授系列研究的最新进展，是其十年研究的积累，是依循"于平原处看平原"

的现场主义和生活政治的产物，秉持着"志在乐民"的研究使命审慎考察社区公共生活，这是其研究起点和基本逻辑。为尽可能地总结社区中国的理想化特质，作者以导论中所述乡土中国和单位中国的历史终结为起点，以阐释社会组合方式、交往方式、治理空间变迁组成的社会治理体系创新切入，从而宣告社区中国的发轫，进而通过考察"中国社区精神""中国社区政治特征""社区治理形态"三个部分揭示社区中国的基本内涵和核心内容。

（一）理解独特的中国社区精神

社区研究的复杂体系以对社区概念的清晰认知为基础。作者从马克思和恩格斯关于现代社会对传统社会的超越入手，在探索中国社区精神的伊始便意识到"现代社会是一个超越地域边界和时间限制的复杂体系"，以滕尼斯《共同体与社会》书名的二维视角把握现代社会与个人的关系，即一维是国家和社会的强制性规定，另一维是文化认同和心灵归宿。在作者看来，这两个维度产生了两种社区分析传统，欧美学术界将社区作为亚文化层面的研究概念，其研究切入点多落在外来族群、等级化区域、低收入者等，这一研究思路背后的社会逻辑和政治语境与东亚国家对"东方社区"的认知不同。在刘建军看来，韩国的"社区市民政治"、日本的"理想精细化社区"以及中国独特的社区精神不是将社区作为问题看待，而是认为社区包容了东方文化体系下人与社会的关系，社区是作为国家治理的重要细胞存在的。

"一分为三"的中国社区哲学基础与中国社区基本特点。作者通过理论思辨和历史引据的方式试图说明中国文明的生命力来自善于走两个端点之间的中间特色道路而不是选择非此即彼的立场，中国文化的"一分为三"传统赋予社区治理研究全新的思路。无论是阴阳调和理论还是毛泽东同志的"三个世界"理论都与本体论意义上的"一分为二"划清界限，尤其是中国哲学家庞朴提到的"世界三分论"更是清楚地阐明了这一具有中国特色的研究思路。总而言之，这种哲学基础强调

"和合润达"而非"对抗焦虑"。在作者看来，中国社区治理中的"私人－社群－国家""生物人－社会人－自由人""私有物权－关联物权－公共物权"……均是"一分为三"思想的体现。因此，中国的社区研究也必须走社群性发展的道路，强调一种互助和群助的交往和生活秩序，而非统治逻辑和经济逻辑。中国社会不是以"绝对的个人主义"为根基的，而是以血缘、地缘和"社缘"为关联纽带联结起来的。因循"一分为三"的哲学基础，通过对比中西文化差异分析思路，作者发现在集体主义和个人主义中间，存在一种"关联主义"的逻辑，认为"关联主义"是理解中国社会治理的重要理论范式。西方社区精神的衰落根源于"关联主义"的式微，而中国文明则将家国同构作为一种整体主义制度安排存在，家国同构是理解中国政治的元理论，而家国情怀则是支撑中国社会的精神纽带，契约社会和伦理社会所塑造的社会差异性非常显著。在社区治理领域，关联物权将这种"关联主义"逻辑差别体现得淋漓尽致。关联物权作为一种物权状态，调和了"房权社会"的矛盾，强调信义关系而不是科层和市场契约成为中国社区治理的一种创新。

社区社会主义和生活共同体塑造。《社区中国》一书提出"人民城市"、"党建引领"和"全过程民主"是中国城市社区社会主义的重要理论基调。社区作为单位社会主义消解后存在的一个场域，逐渐成为社会主义制度安排在基层社会得以顺畅运行的基本土壤。在社区层面，治理通常表现出"以法入礼"的特征，即法律需要公约化为"市民意识"，传统中国的司法治理以及现代种种调解制度执行均体现了这一规律。社区中国体现了一种生活共同体、治理共同体和命运共同体的皈依。社区不仅成为社区居民实现美好生活的场域，而且成为国家治理的实践空间。

（二）社区中国的政治特征

如何总结社区中国的政治特征？很显然，社区中国与单位中国之间存在极为明显的整体变迁。在作者看来，解读世界上任何一种处于"大转型"背景下的改革实践，都离不开深度理解国家、市场和社会关系的变迁模式。西方世界的多数转型均以国家与社会分离或市场与社会分离为代价，而中国的改革则不以国家与社会分离为代价，而是呈现为一种关联性转型的方式。这种关联性转型依赖于中国独特的政治思想和管理体制。与西方国家的"市民社会"背景不同，中国的社会实际上是一种"业民社会"。中国改革开放的历程逐渐发展出一种平等尊重共享发展的业民社会，业民承载着人生价值实现、社会纽带缔结和家国目标实现的初心。因此，中国政治是一种一统式的国家发展逻辑，追求齐头并进的发展规律和基本遵循。作者用"无缝政治"和"齐民政治"等概念概括这一特殊的政治取向，试图说明这种无例外空间的政治以及针对人口的治理，提供了中国政治精准化治理的基础。而实现"无缝政治"和"齐民政治"的组织则是社区党组织，政党领导下的社会联动机制塑造了一种整体性的治理体系。

社区中国强调生活社区、政治社区和心灵社区的统一。在作者看来，社区不仅是生活的空间和政治整合的空间，而且是能够成为实现心灵秩序安稳的空间。在由单位制向社区制转型的过程中，政治空间已经和生活空间融合。然而，作者在书中表达了对心灵空间建设的呼吁，认为心灵空间建设是社区中国时代需要得到重视的关键问题。

社区中国强调良性互动的公共物品供给格局。在作者看来，中国社区并不存在绝对的私人和公共的区分，社区经济、社区商业、社区企业、股份社区、社区合伙人等都是重要的公共产品供给角色。此外，在风险社会视域下，社区成为社会安全公共产品的"空间供给方"，社区中国是公共危机治理的首要环节。在作者看来，"社区安全阀"是贯彻"底线政治"的基本盘，是国家、社会和个人安全的第一道防御线。

（三）中国特色社区治理形态

社区中国独特的治理原理。社区中国采取的是一种反经济学逻辑的治理之道，依据关系构建原理、简单事项复杂化原理、过程优先原理、多元协同原理、参与治理原理、包容性治理原理进行社区治理。关系构建指的是中国对外社区治理从社群性建构出发，以恢复社会关系为媒介达到善治目的；简单事项复杂化指的是不同于企业治理，中国社区治理通过采取复杂化方式来实现过程优先，奠定关系资源治理基础；多元协同指的是突破了以往治理主体单一性的局限；参与治理指的是开放场域给予公民参与公共管理的行动空间；包容性治理指的是将多元群体视为整体考虑周全，促进平等参与，塑造社区共同体。

居民自治与民主协商参与。不同于西方国家通过所谓的法治化道路将社区温度降至冰点，中国的社区治理强调消除不平等和阶级差异，社区中国通过居民自治机制将"国"与"家"联结在一起，促进社会联结和社会融合。在社区建设和发展过程中，社区中国强调通过参与项目制的方式以实现资源配置最优化的目标。参与项目制具体是指自下而上的项目提出机制、自上而下的资源投放机制以及内外联结的横向循环机制。不同于以往的行政推动模式，参与项目制是一种新的资源再分配方式。居民自治与民主协商参与项目制是社区治理的重要机制。在上述基本机制的作用下，社区中国形成了以街居制为特点的社区治理格局并逐渐形成以项目为支撑、以共治为纽带、以活动为载体的层圈结构。

场景美学与人文社区。在作者看来，中国的城市逐渐出现了一种新的街坊制，即封闭小区与沿街开放商场和商铺的组合形态。这种新的街坊制为降低城市基层治理成本提供了可能性，"小区自治"和"联动共治"的双层治理模式渐趋成熟，在社区场景营造中为实现美丽家园携手共进。此外，作者认为，在社区治理过程中，情感治理是从中国文化基因中衍生的一种治理路径和策略，女性管理者逐渐在社区治理中获得行动空间和能力，从而对丰富社区社会资本以及形成社区良序贡献了智慧，还为社区公益的建设提供了土壤。社区志愿组织大量成立，增强了社区联结。总之，作者强调一种生活政治学，即从国家与社会建构的多重维度思考社区治理，从而打造一种具有人文精神的现代化社区，通过包含价值观念层次、人格特质层次、行为规范层次的人文治理方式，增加社区温度和社区风度。

三　如何迈向后社区中国？

社区中国标志着社区已经成为中国社会治理和国家治理的重要载体。该书在一种独特的叙事和思辨路径下为我们揭示了社区中国的基本理论观点，在理论观点碰撞过程中穿插着国家之间的对比、历史事实的佐证延伸、现实发展的关怀，逻辑链条清晰明确。该书还对未来社区建设的维度进行深刻阐释，提出服务传递、关系构建、治理优化、人文滋养、发展持续的未来期许，以夯实国家治理根基。书中诸多观点和思绪均为后社区中国的建设提供了参考，如在作为国家治理细胞的社区中，必须走国家与社会并进的道路。再如，生活政治学与心灵社区的打造。更为重要的是，作者在书中尝试对迈向可持续的社区建构之路进行细致斟酌，作者提出的社会力量、慈善组织、社区社会企业实践方向能够为社区工作者的行动实践提供新的思路。

【参考文献】

曹海军，2017，《"三社联动"的社区治理与服务创新——基于治理结构与运行机制的探索》，《行政论坛》第 2 期，第 74 ~ 79 页。

曹海军，2018，《党建引领下的社区治理和服务创新》，《政治学研究》第 1 期，第 95 ~ 98 页。

陈家喜，2015，《反思中国城市社区治理结构——基于合作治理的理论视角》，《武汉大学学报》（哲学社会科学版）第 1 期，第 71 ~ 76 页。

陈捷、卢春龙，2009，《共通性社会资本与特定性社会资本——社会资本与中国的城市基层治理》，《社会学研究》第 6 期，第 87 ~ 104 页。

陈鹏，2009，《从"产权"走向"公民权"——当前中国城市业主维权研究》，
　　《开放时代》第 4 期，第 126~139 页。

陈荣卓、肖丹丹，2015，《从网格化管理到网络化治理——城市社区网格化管理
　　的实践、发展与走向》，《社会主义研究》第 4 期，第 83~89 页。

陈伟东、李雪萍，2003，《社区治理与公民社会的发育》，《华中师范大学学报》
　　（人文社会科学版）第 1 期，第 27~33 页。

董磊明、陈柏峰、聂良波，2008，《结构混乱与迎法下乡——河南宋村法律实践
　　的解读》，《中国社会科学》第 5 期，第 87~100 页。

费孝通，1998，《乡土中国　生育制度》，北京大学出版社。

高红，2011，《社区社会组织参与社会建设的模式创新与制度保障》，《社会科
　　学》第 6 期，第 76~83 页。

何海兵，2003，《我国城市基层社会管理体制的变迁：从单位制、街居制到社区
　　制》，《管理世界》第 6 期，第 52~62 页。

姜晓萍、焦艳，2015，《从"网格化管理"到"网格化治理"的内涵式提升》，
　　《理论探讨》第 6 期，第 139~143 页。

刘建军，2016，《社区中国：通过社区巩固国家治理之基》，《上海大学学报》
　　（社会科学版）第 6 期，第 73~85 页。

刘建军，2020，《社区中国》，天津人民出版社。

刘守英、王一鸽，2018，《从乡土中国到城乡中国——中国转型的乡村变迁视
　　角》，《管理世界》第 10 期，第 128~146 页。

刘娴静，2006，《城市社区治理模式的比较及中国的选择》，《社会主义研究》
　　第 2 期，第 59~61 页。

陆益龙，2010，《乡土中国的转型与后乡土性特征的形成》，《人文杂志》第 5
　　期，第 161~168 页。

吕青，2012，《创新社会管理的"三社联动"路径探析》，《华东理工大学学报》
　　（社会科学版）第 6 期，第 7~12 页。

王雪梅，2005，《社区公共物品与社区治理——论城市社区"四轮驱动、一辕协
　　调"的治理结构》，《北京行政学院学报》第 4 期，第 60~63 页。

魏娜，2003，《我国城市社区治理模式：发展演变与制度创新》，《中国人民大

学学报》第 1 期，第 135 ~ 140 页。

吴晓林，2015，《台湾城市社区的治理结构及其"去代理化"逻辑——一个来自台北市的调查》，《公共管理学报》第 1 期，第 46 ~ 57 页。

吴旭红、章昌平、何瑞，2022，《技术治理的技术：实践、类型及其适配逻辑——基于南京市社区治理的多案例研究》，《公共管理学报》第 1 期，第 107 ~ 120 页。

夏建中，2008，《从街居制到社区制：我国城市社区 30 年的变迁》，《黑龙江社会科学》第 5 期，第 14 ~ 19 页。

张晨、刘育宛，2021，《"红色管家"何以管用？——基层治理创新"内卷化"的破解之道》，《公共行政评论》第 1 期，第 2 ~ 22 页。

张虎祥，2005，《社区治理与权力秩序的重构对上海市 KJ 社区的研究》，《社会》第 6 期，第 146 ~ 171 页。

朱健刚、陈安娜，2013，《嵌入中的专业社会工作与街区权力关系——对一个政府购买服务项目的个案分析》，《社会学研究》第 1 期，第 43 ~ 64 页。

朱仁显、邬文英，2014，《从网格管理到合作共治——转型期我国社区治理模式路径演进分析》，《厦门大学学报》（哲学社会科学版）第 1 期，第 102 ~ 109 页。

协商型社会组织助力社区治理的参与式赋能

——访北京市东城区社区参与行动服务中心创办人、主任宋庆华

王 欢 韩怡宁

访谈时间：2022 年 5 月 9 日 15：00～17：00

访谈地点：线上访谈

受访者：宋庆华（北京市东城区社区参与行动服务中心创办人、主任）

访谈人：王欢（北京航空航天大学公共管理学院博士研究生）、韩怡宁（北京航空航天大学公共管理学院硕士研究生）

【北京市东城区社区参与行动服务中心简介】

北京市东城区社区参与行动服务中心又名"北京灿雨石信息咨询中心"（Shining Stone Community Action Center，以下简称"服务中心"）。服务中心成立于 2002 年 12 月，是一家促进城市社区参与式发展的社会组织。服务中心的主要工作包括推动以需求为导向的社区服务项目化管理；培育社区服务型组织推动社区自治；为社会冲突转型社区介入提供专业的斡旋和民主协商技术的实践与指导；通过运用"开放空间"等一系列公众参与和民主协商技术、方法调解社区冲突，化解社会矛盾。截至目前，服务中心共组织培

训 600 余场次，覆盖基层政府工作人员、社区工作者及社会组织成员等 7 万多人次；组织、主持不同领域公共话题讨论与多方对话 200 多人次。服务中心曾荣获"中国第一届社会创新优胜奖"，于 2014 年至 2019 年连续被评为"北京市东城区 5A 级社会组织"。

【人物简介】

宋庆华是服务中心的创办人、主任，也是其灵魂人物。宋庆华是一名工农兵大学生，倾心文学与艺术，却被分到理工科的电机制造专业。她研究过导弹追踪轨迹，在钢铁厂做过污水治理能耗分析，也曾在环保组织开展社区垃圾分类、节能、节水等活动，最终进入公众参与领域，开拓出一条新路，专注社会创新和动员社区参与领域的实践、咨询与培训二十余年。宋庆华曾先后前往美国锡拉丘斯大学 Maxwell 学院、加拿大圣弗朗西斯科大学 Coady 国际学院等院校访学；担任多个城市、区、街道的基层治理专家顾问；为清华大学公共管理学院、北京工业大学社会工作专业、甘肃政法大学公共管理学院社会工作专业、深圳国际公益学院授课；担任北京航空航天大学协商式政策实验室/公共冲突解决研究中心研究员、北京师范大学公共管理学院特聘教授、甘肃政法大学公共管理学院社会工作专业研究生督导、北京市城市规划委员会"街区责任规划师"专家委员会委员；曾荣获"2008 年度全国优秀慈善工作者"称号。

王　欢：宋老师，您好，非常感谢您能接受《中国社会组织研究》集刊的访谈邀请。我们通过查找相关资料发现，您创办的服务中心可以说是国内社区参与和协商的先驱者，能请您介绍一下创办服务中心的初衷和过程吗？

宋庆华：我创办服务中心的想法源自一次英国交流访问过程中受到的启发。2001 年，我前往英国进行城市治理和社区重建主题的交流访问。我们都知道，英国实行的是一种"小政府、大社会"的社会管理模式，但其实英国也存在政府主导的社会治理实践。这些治理实践让政府意识到，"自上而下"的行政化推动并不能完全实现社区发展的既定目标。从社区的治理现实来看，发展较好的社区往往是居民深度参与、自主管理、"自下而上"推动治理进程的社区。这次访问交流活动让我看到了许多英国社区发展的鲜活案例，这些案例都在讲述同一个道理——社区如何发展一定要交由社区自己来谋划。只有身处社区中的人才会知晓社区治理的目标、资源、能力、方式等。

在这次访问过程中，我第一次接触了"参与式发展"这个概念。回国以后，我就和一位朋友共同创办了服务中心。服务中心的注册名称是"北京灿雨石信息咨询中心"，"灿雨石"是"参与式"的谐音。在组织成立之初，我们将组织的宗旨定位为"传播参与思想，持续推进社区参与式治理，构建和谐社区"。

韩怡宁：服务中心的创办可以说是基于您对现实的敏锐思考。从 2002 年创办至今，服务中心也已经有 20 年的历史了，能请您介绍一下服务中心的发展历程吗？

宋庆华：服务中心的发展大致可以分为三个阶段。在初创阶段，服务中心主要侧重于学习、传播和培训这些方面的工作。这一阶段的国际交流和学习活动比较多，服务中心也获得了一些基金会的资助，基金会提供的资金、项目以及技术支持和学习机会对服务中心的早期成长很有帮助。第二个阶段侧重推动社区参与和协商议事的实务工作。这一时期的工作得益于政府购买服务的政策支持，我们的工作由于得到政府财政资金的支持得以有效开展。目前，服务中心开始进入一个新的阶段。一方面，社区治理和基层协商的需求不断增加，从而产生了新的培训和在线协商的需求；另一方面，服务中心的委托方也更加多元化，一些涉及公共冲突等相关工作的企业也开始向服务中心寻求咨询和建议，这给我们带来了新的机遇和挑战。

王　欢：经过多年深耕，服务中心在国内社区参与和协商领域业内已经是很有知名度、非常受认可的机构，想请教您是如何打造服务中心的品牌效应的？

宋庆华：服务中心长期坚持开展"社区参与式治理"工作，聚焦"促进社区主体能有效参与社区事务"。之前有一位政府工作人员希望成立一家老年服务中心，就来找我们咨询，我们就提出建议，政府在成立老年服务中心的过程中一定要考虑本社区老年人的诉求，了解老年人对老年服务中心怎么建、要开展什么活动和项目等方面的需求，这样就把问题又转移为"社区参与"的主题。我们服务中心也长期聚焦促进社区参与的技术和方法，这也是服务中心的核心竞争力。

韩怡宁：服务中心在社区参与和协商领域以技术见长，能请您介绍一下服务中心的技术应用情况吗？

宋庆华：我们在实务工作中逐渐形成了一个开展社区参与行动的工具包。这一工具包包括40多种协商共识、冲突分析的技术和方法，其中最常用的有"开放空间技术""展望未来论坛""共识工作坊""欣赏式探寻""冲突斡旋""参与式会议"等，上述技术应用于不同的情境。例如，开放空间技术适用于面对重要且复杂的问题时快速收集、整理意见，并形成解决方案；展望未来论坛适用于组织管理创新，它的流程包括"回顾历史－展望未来－面对现状－找到走向未来的步骤－行动"；冲突斡旋适用于冲突情况下的共识促进。

我们在过去的20多年中不断学习和运用上述技术，将技术与社区发展相结合。社会问题的出现和社会经济发展水平有着较为密切的联系。无论是什么社会制度，社会经济发展到一定程度，出现的社会问题都具有相似性，因此解决问题的手段和方法也是类似的。在技术应用的初期，我们直接将学习的技术方法运用于实践，后来也根据社会背景和文化尝试对技术做一些本土化的调整，但方法的流程、程序仍然保持总体不变。我们的实践也验证了这些方法和技术能够解决我们的社区问题，推动社区发展。

韩怡宁：目前服务中心的主要业务有哪些内容？

宋庆华：主要是推动能力建设的培训和实务两个部分的工作。培训包括社区协商议事能力的培训，主要围绕社区有效服务、协商议事和冲突合作等主题。一个方向是关于社区治理参与和协商议事等参与式方法的培训，主要包括概论解释、方法应用、沟通技巧等内容。我们在长期实践中还研发了"社区治理的实现路径"课程，主要包括两方面内容，一是加强协商议事的机制建设，二是加强项目化导向管理的体系建设。服务中心在业务工作中强调项目管理，一致认为项目管理能形成并强化在协商议事中达成的共识，并且通过项目实施看到社区治理的实质性改变。一个项目主要包括背景、目标、计划、实施周期、执行主体、项目成果和项目预算等部分。项目监督是实施过程的重点，主要评估计划是否符合实际；当项目结束时，我们通过项目评估总结项目成效，并明确下一年的项目计划。只有在做项目的时候才会把服务持续下去，项目最能体现合作，而合作就是社区治理的核心。服务中心也关注冲突管理，大部分人对冲突的理解是"冲突是坏事"，但我们认为，冲突也可能是一个成长和发展的机会，因此我们更强调冲突的建设性意义，强调如何发现潜在冲突以及出现冲突时如何去管理。

在实务方面，服务中心参与和执行的项目较为广泛，过去涉及老旧小区改造、停车管理、物业纠纷等社区参与和冲突解决，最近几年在城市更新和规划领域也和政府有关部门开展合作。服务中心主要通过组织一些利益相关方工作坊、论坛和协商议事会来创造解决问题的空间，同时由参与者自己提出问题、解决方案和联合行动项目意向，从而促成既定目标的实现。

未来社会治理对参与式方法的需求越来越大，社会、市场对冲突管理的需求也逐渐显现，比如开发商和业主的纠纷、物业公司与业主的关系、企业变革问题等。很多企业也认识到，如果只追求经济效益，在服务和资源享有上缺乏合作，也会导致新的冲突产生。所以整体上，企业对冲突管理的需求也在增加。

王　欢：虽然有相当广泛的业务范围和较大的业务体量，但服务中心的团队规模其实并不大，服务中心是如何做到这样高效率运作的？

宋庆华：服务中心目前取得的成果是我们的团队共同创造的。成果的取得得益于三个方面。一是各位工作人员高涨的工作热情。尤其是早期就加入服务中心的团队成员，大家都是因情怀聚在一起，团队人数最多的时候有 245 人，我们共同促成了很多工作。

二是平行化的项目制管理。机构建立了较为扁平化的管理架构，沟通效率比较高。通过项目负责人制的建设，每位工作人员都可能同时是某个项目的负责人和另一个项目的执行人/项目助理，这样的交叉合作方式保证了整个团队信息互通，同事之间一直处于互相支持和协作的氛围当中。

三是不断反思和调整。其实我是不擅长管理的，我认为大家有热情就好。我更多琢磨的是我们要做什么事，怎么去做事。我们的团队也有过人员流动。社会组织的人员流动性一直是个很严重的问题，而我们机构在前期几乎没有同事离开，这一直是我非常骄傲的一件事情。但在2018 年，服务中心发生了一次重大变动，有七八位精英骨干离开了服务中心。从组织层面来说，管理跟不上业务的节奏，内部也出现了一些管理理念上的分歧。从个人层面来说，个人发展规划的调整和生存压力迫使大家做出了选择。但我也对他们的离开表示感谢，缩减人员减轻了机构运行的成本压力，使服务中心得以继续发展。

随着社会治理需求的不断增加，我们在 2021 年底进行了组织架构调整，重新划分了财务和行政、项目、培训三个模块，形成了理事会、中心主任、项目总监、财务及行政总监、培训主任的管理层架构，但仍然保留了扁平化的项目合作机制。与此同时，我们也对核心业务做了梳理，进一步思考并调整了发展策略。

王　欢：在专业技术人才的培养上，服务中心有什么独到经验吗？

宋庆华：专业技术人才的培养需要耗费大量的精力，也需要投入很多资源。对我们机构而言，需要的人才不仅要掌握理论知识和技术工具，更要重视对其他能力的培养。在实际工作中除了技术层面的专业知识以外，人的性格、心智、理解能力、生活阅历都很重要。在促进社区参与和民主协商的社区参与者当中，通常年龄较大的退休居民比较多，因有着特殊的时代经历，他们有时会被一些不公平的言论引发情绪。如果是刚从学校出来的年轻人去主持协商，一方面他们经验不足，专业知识也不足以应对突发问题，作为一个中立的冲突管理者的应变能力还是有些欠缺；另一方面，年轻人在对老年人的历史经历了解不足的情况下，也难免会面临参与者的不信任，这就会给年轻的项目人员带来压力，使他们自己也觉得"压不住场子"，也就是遇到有情绪的参与者时无法妥善应对。

我们以往的经验是让具备不同能力的同事做合适的事。撰写项目方案、政府对接工作、开展相关技术培训等工作由机构的年轻人来做，他们也完成得很好。以前大家比较依赖我的经验，现在大家也意识到机构发展的可持续性。各位工作人员也在抓紧机会学习和训练自己，以提高工作能力。我相信再过几年，他们在经验和阅历上都有所增加，就能逐渐独当一面，更好地开展工作了。

王　欢：参与协商在社区治理中的实践越来越多，社会组织在其中的身影也越来越活跃。您如何看待社会组织参与社区治理？

宋庆华：中国进入了一个新的发展时期。社会经济快速发展也带来了新的问题。不同社会群体之间的利益诉求不同，也会产生利益纷争，各方很难放弃自己的利益立场，所以如何平衡各方利益，让大家坐下来在规则的引领下有秩序地协商、让步、妥协，最后找到平衡利益的共识，从只坚持自己的利益到理解别人的利益，最后共同担负责任，是社区治理应当关注的核心内容。

我们将服务中心定位为一家技术支持型机构，服务对象是政府、社区工作者和面临问题、冲突的居民/业主。我们真正要做的是为他们提供沟通的机会和渠道，让他们把问题理清楚，学习了解相关法律和政策，在法治的框架下相互理解、适当让步，找到彼此满意且能接受的解决方案，建立起彼此之间长期有效的合作。目前，社区参与和协商仍然停留在一个初级的冲突解决阶段。要形成实质性的长效参与和协商机制，我们仍然面临着一些挑战。

当下社会组织参与社区治理有很广阔的舞台，但我们不能只闷头做事，还要思考社会、经济发展带来的新变化和新需求，发展自身的理念和技术，从参与到协商，从理念到实务，拿出有影响力的"产品"投入社区治理。特别是从党的十八届三中全会提出"推进国家治理体系和治理能力现代化"以来，各级政府都在持续推动社会治理，并强调社会治理要向基层下沉，这些政策给社区治理带来了很多新的机遇。

王　欢：今年是服务中心成立 20 周年。回望 20 年的发展历程，您一定有很多感慨。未来服务中心对发展又是如何规划的？

宋庆华：从 2002 年成立以来，服务中心的初衷和目标一直是推动社区的参与和治理。我特别希望从事社区工作的人和组织能意识到治理、参与是需要技术的。治理本身也是一种技术，而要实现治理需要许多技术的支持，公众参与是其中非常重要的一种技术。我们在发展过程中学习和总结出了 40 多种技术，也希望能把这些技术传播到更广泛的社会领域中。20 年来，我们从传播理念到开展实务，围绕公众参与、协商构建共识、冲突管理等进行了许多实践。但我内心觉得这些还不够，社区参与不能只停留在口头上，协商议事也不能只停留在形式上，而更应该成为一种长效机制和制度。我们应该让更多组织和个人建立社区参与意识，在面对利益不平衡和公共利益冲突时通过理性协商、寻找共识、建立伙伴关系、联合行动去创造更好的社区生活。个体在享受个人权利的同时，也负有公共责任。我们希望实现市场经济条件下社会公众权利与责任的共担，培养我们常说的"合格公民"。我们也感觉任重而道远，也在更加努力地和基层政府、社区合作，希望在社区治理的基础上尝试探索一些新的模式，比如"城市论坛""物业治理咨询"等，希望能在社会治理中发挥社会组织的作用，让社区变得更好。

目前，我们也在筹备出版《城乡社区参与式治理本土化实践》案例集，里面包含了我们这 20 年在四川自贡、重庆巫山、浙江宁波、辽宁鞍山、四川成都、北京等地的城乡社区治理故事。案例集主要包括冲突管理、议事协商、社区参与、项目管理的实践，涉及物业管理、老旧小区改造、新农村建设等主题。我们邀请了俞可平老师给案例集作序，希望能在服务中心成立 20 周年之际推出。另外，我们还计划围绕最近两三年在城市街区更新规划中开展的一些公众参与工作出版另外一本案例集，对公众参与社区规划做一些探论。

　　王　欢：谢谢宋老师！服务中心用 20 年的行动践行了传播参与思想、持续推进社区参与式治理、构建和谐社区的宗旨。感谢您接受我们的访谈，也祝愿服务中心在助力社区参与和治理的道路上越走越远、越来越好！

打造信义治理与社区创新的公益载体

——访成都市武侯社区发展基金会执行秘书长李济舟

乔丽楠

访谈时间：2022 年 7 月 15 日

访谈方式：线上访谈

受访者：李济舟（成都市武侯社区发展基金会执行秘书长）

访谈人：乔丽楠（上海交通大学国际与公共事务学院硕士研究生）

【成都市武侯社区发展基金会简介】

成都市武侯社区发展基金会（Chengdu Wuhou Community Development Foundation）成立于 2018 年，是四川省首家社区基金会，是由武侯发展集团捐赠 800 万元发起，在四川省民政厅登记注册并由民政厅作为业务主管单位的慈善组织。在武侯区委、区政府的支持下，武侯社区发展基金会逐渐发展出"党建引领 + 政府引导 + 社会化运作"的工作模式。该基金会以"共创社区美好生活"为愿景，立足成都、面向四川、辐射全国，坚持以社会化方式组建、市场化方式运营的原则，打造"创新驱动、公开透明"的资助型、平台型基金会，推动社区公益事业的繁荣发展。

【人物简介】

李济舟，男，成都市武侯社区发展基金会执行秘书长，2015 年开始在成都市武侯区晋阳街道晋阳社区工作，负责共青团、志愿服务、社区营造等领域；2017 年，协助社区书记李含荣联合宜家家居以及上海真爱梦想公益基金会，成立西部地区首家社区梦想中心——晋阳社区梦想中心；2018 年，在武侯区委社治委的指导下，立足武侯区情，链接各方资源，全程筹建武侯社区发展基金会。

乔丽楠：李老师，您好！非常感谢您接受《中国社会组织研究》集刊的访谈，为我们介绍成都市武侯社区发展基金会的相关情况，也非常期待从您这里了解到更多关于武侯社区发展基金会的精彩内容。请问您能首先简要介绍一下基金会的基本情况吗？

李济舟：武侯社区发展基金会成立于 2018 年 7 月 23 日，是四川省内成立的第一家社区基金会。基金会经历了四年的发展，取得了一些工作成果，也在成长过程中遇到了一些困难和问题。在四年的工作中，我最大的收获是对武侯社区发展基金会及其所处的社区慈善公益生态的独特性有了更加深刻的认识。

乔丽楠：您认为武侯社区发展基金会的最大特色是什么？

李济舟：武侯社区发展基金会的特色之处在于其运营模式，可以概括为"党建引领＋政府引导＋社会化运作"。我们是全国第一家由区级党委部门推动成立的社区基金会，基金会的原始资金由武侯发展集团这样一个区属国有企业捐赠。基金会是在四川省民政厅登记注册，并由民政厅直管的慈善组织。此外，基金会的社会化程度较高，所有工作人员均没有任何编制，全部采用社会化聘用的方式进行招募。从资金来源来看，武侯社区发展基金会的主要收入来自社会，对政府的依赖性在不断降低，这也进一步强化了基金会的灵活性。

乔丽楠：感谢您的精彩分享，请问基金会目前已完成或正在执行的重点项目有哪些?

李济舟:武侯社区发展基金会作为一家目标定位为资助型和平台型的社区基金会,项目主要分为三大板块。一是资助类项目,目前主要包括"春耕计划""CAP社区艺术计划""益义非凡·大学生公益骨干培育""仲夏邻里节"等项目。二是执行类项目,如2019年配合武侯区委社治委探索开展的信托制物业服务模式项目、社区伙伴(PCD)支持的可持续生活项目等。三是资源链接类项目,如跟立邦合作的"为爱上色"ART+城市公益项目、四川社区基金会发展网络等。

乔丽楠:正如您刚刚所提到的,武侯社区发展基金会资助了很多精彩纷呈的项目,接下来主要与您围绕各项目进行更进一步的讨论。"春耕计划"作为基金会的第一个资助项目,请您简要介绍一下其基本情况是怎样的。

李济舟:"春耕计划"是基金会的首个资助项目,主要关注社区发展议题,通过在地协作的方式,从项目和机构两个维度支持本土合作伙伴探索当下社区发展治理的多元路径,期待从不同角度与合作伙伴共同激发社区的内生动力,促进社区的可持续发展。从某种意义上来说,"春耕计划"的诞生标志着成都本地社区基金会这样一个社会化平台开始发挥作用,武侯社区发展基金会这个公益资源的聚集地也从这时逐渐开始播下更多希望的种子,填补空白,以回应更多社区的多样化需求。

乔丽楠:"春耕计划"是如何开展的?其主要的资助方向是什么?

李济舟:"春耕计划"瞄准社区发展治理的关键议题,促进区内公益行业的结构性升级,营造社区可持续发展生态圈。其以"支持扎根社区的力量"为使命,主要分为两个阶段。第一个阶段在2019年,主要聚焦社区创新领域的相关议题,涉及社区的安全教育、残障儿童、社区艺术教育等议题,支持了16家社会组织开展相关活动,共计资助了约170余万元。后来,我们发现当前社区治理中的最大痛点就是物业问题,所以"春耕计划"项目对资助方向进行了调整,以居民自治为基础,涉及焕新老旧院落等议题,进行路径探索。"助力居民自治,焕新老旧院落"是 2020 年"春耕计划"的资助主题的第二个阶段，资助议题聚焦老旧院落，支持了三家机构，向每家机构提供了约 15 万元的资金支持。

乔丽楠：作为回应社区治理的资助计划，"春耕计划"的资助评审方式是怎样的？

李济舟："春耕计划"打破了以往项目申请的"快餐式评审"方式，改为"长期陪伴式"，与被资助机构共同成长，在项目初审结束后深入一线开展基线调查，在基线调查合格后召开项目评审会的过程导向、全要素的深入式和参与式项目评审。整个评审环节公开，执行机构答辩不设定时限，充分进行讨论沟通，并对"春耕计划"的入选机构提供持续三年的连续性支持，引入外部督导提升执行机构的项目管理水平，营造共学社群提升机构发展水平。

乔丽楠："春耕计划"进一步的发展会是怎样的？

李济舟：未来，"春耕计划"的关注点仍然延续聚焦老旧院落，继续以"助力居民自治，焕新老旧院落"为主题，对武侯区老旧院落的发展进行探索，支持合作伙伴从老旧院落的公共事务切入，以培育院落自组织为抓手，推动多元参与和协作，破解老旧院落治理难题，促进治理结构优化，提升老旧院落自我发展能力。

乔丽楠："社区艺术计划"非常具有开创性，请问它的灵感来自哪里呢？

李济舟："社区艺术计划"即"CAP 社区艺术计划"（Community Art Project），是 2019 年"春耕计划"的一个子项目。当时该计划主要邀请了一些艺术家、青年创意者等到社区跟居民进行共创，比如车棚改造，通过在老旧车棚里策展进行艺术分享，甚至在车棚内举行蹦迪活动。这个项目在推行过程中受到广泛好评。所以，第二年我们就把它独立出来，制订了"社区艺术计划"。

乔丽楠："社区艺术计划"具体都进行了哪些实践？

李济舟："CAP 社区艺术计划"是 2019 年在武侯区发起的关注社

区发展治理的艺术试验项目，集合青年艺术家、设计师、在地居民、各方社会力量共同参与，重新发现街区魅力，发掘在地文化的社区创新项目。2020 年，第二届"CAP 社区艺术计划"由武侯区委社治委、武侯社区发展基金会共同发起，支持方为成都一介文化传播有限公司，以"自定义运动会"为主题，在武侯区范围内开启一场以艺术为介质、以运动为载体的趣味运动会。

乔丽楠："自定义运动会"具体趣味在哪里？

李济舟："自定义运动会"由艺术家与社区共同参与，在各社区内寻找一个空间作为新的运动场地，通过设计制作一个装置作为新的运动道具，甚至改变运动的规则来"自定义"一场新的运动游戏。在参与方式上，"自定义运动会"邀请了 10 组活跃在各自领域的优秀艺术家或机构参与，与 10 个社区分别匹配，结成在地创作小组，根据社区在地条件协作设计出可供比赛的运动艺术装置及相对应的游戏机制。

乔丽楠：请问基金会的"社区创享家"项目目前进展到什么程度？

李济舟："社区创享家"项目也是与武侯区委社治委共同推动的项目。考虑到成都在号召打造社区美空间，我们也了解到上海的社区规划师实践，觉得这个方式很好，所以我们邀请了设计、策划、商业和运营等各类专业人群，通过居民参与针对社区现有的闲置空间做了一些美化改造。

目前，项目在推动过程当中也遇到了一些障碍和困难，我们仍在探索之中。

乔丽楠："社区创享家"未来的目标和落地方式是怎样的？

李济舟："社区创享家"现在才刚刚起步，主要是以社区规划师理念来探索，存在一定的难度。未来，我们希望能够呈现武侯社区的一些美空间，点位不需要很多，通过实践让居民感受到专业的力量介入社区和居民一起参与共创。这种共创既有专业的支持，又使居民的一些需求得到回应，这是我们开展这一项目的初衷。

这个项目最后的核心落在空间改造上，我个人认为产出是一个美空间的呈现。但是"社区创享家"项目的推动还有一个难点，就是空间打造出来之后的可持续运营的问题，或者说能不能够有效活化的问题，这些都是我们目前尚未解决的问题。空间运营成功的案例在整个社区治理过程当中并不多，我们的社区有很多非常漂亮的空间，但是后续没有人跟进。还有一些社区空间尽管人气很旺，但是过度依赖政府购买服务这一方式。我们希望社区和空间能够自主运行，但目前来看自主运行难度非常大，所以前期对社区的调研、走访和策划都需要做细、做实。

乔丽楠：请问基金会开展"益义非凡·大学生公益骨干培育"项目的出发点是什么？

李济舟：大学生公益骨干培育就是对大学生进行赋能，邀请其到社区探索。出发点是由于高校青年学子对社区的理解存在不贴近生活和不太准确的问题，他们理想中的社区跟实际的社区是不太一样的，所以我们希望打破这样的壁垒，促进大学生自己设计他们的社区，一起到社区开展实践。当然，这个实践的前期有很丰富的相关培训。

乔丽楠："益义非凡·大学生公益骨干培育"项目的目标是什么？

李济舟："益义非凡"项目意在探索社区发展治理新模式——引入社区外的大学生力量，探索大学生赋能类项目，将大学生的自我成长与挖掘和解决社区需求有机结合，激发大学生对社区的兴趣，鼓励大学生将自己的创新创意和理念构想放到社区这个田野中去实践和检验。"益义非凡·大学生公益骨干培育"项目通过线上学习、线下培训及公益实践相结合的方式赋能热心公益的大学生们，让他们走进社区，深入了解公共议题，并对公益事业形成深刻认识。

乔丽楠：请问"益义非凡·大学生公益骨干培育"项目是如何落地的？

李济舟：社区治理非常需要青年人才。经过筛选，我们邀请了北京市一家专业社会组织 PEER（毅恒挚友）来承办这项工作。"益义非凡·大学生公益骨干培育"项目由武侯社区发展基金会发起，由 PEER 具体执行，并获得了区委社治委和团区委的大力支持。

乔丽楠：目前"益义非凡·大学生公益骨干培育"项目的运营模式是怎样的？

李济舟：首先，项目招募了30余名高校青年，以大学生公益青年骨干的角色走进武侯社区，体验社区生活，并在系列工作坊、中期公益实践等赋能课程和小组导师制度的支持下，自主开展行动。志愿者们将在以上体验和调研的基础上提出解决社区问题的行动方案，主要涉及社区服务自主创新和社区问题改进等方面。

乔丽楠：请问武侯社区发展基金会对"仲夏邻里节"的运营思路和目标是什么？

李济舟："仲夏邻里节"是基金会自2019年以来为进一步营造和谐邻里关系，挖掘公益服务需求，拓展邻里活动空间，发挥基金会的公益性平台功能而开展的品牌活动。"仲夏邻里节"涉及约10个社区，主要开展趣味的、群众性活动，由基金会资助，通过一场场活动，敲开万家门，温暖万家心。

乔丽楠："仲夏邻里节"是如何落地的？

李济舟：2019年，基金会开展首届"仲夏邻里节"活动，通过营造和谐邻里关系，挖掘公益服务需求，拓展邻里活动空间，有效打造在地居民服务品牌。2020年，基金会继续发挥公益平台优势，结合"爱成都·迎大运"社区共建共治共享行动，立足街道社区实际，联合企业及居民多方参与，共同开展第二届武侯"仲夏邻里节"系列活动。

乔丽楠：您认为"仲夏邻里节"的最大特色是什么？

李济舟：和传统的社区活动不同，"仲夏邻里节"这个项目希望借助公共娱乐文化活动的平台，展示社区风貌，吸引年轻人参与社区活动。"仲夏邻里节"涵盖了国际化社区、儿童友好社区、军民融合社区、少数民族社区等理念，包括各种丰富精彩的活动，比如社区音乐会、主题集市、全民运动会，还有露天电影、社区夜跑等。在不同的活动中，我们会对接专业的机构和团队，比如在"仲夏夜徒"活动中，我们就找到量子旅行机构定制夜徒路线，通过走街串巷的方式让大家深入了解社区。在活动宣传的过程中，我们会把各种元素和活动进行剪辑，通过短视频的方式进行宣传。

乔丽楠：信托制物业是基金会非常具有开创性且具有价值的实践之一，请问您怎么看待信托制物业？

李济舟：信托制物业是业主和物业服务主体之间基于自愿原则，将信托理念引入既有的物业服务合同，并利用信托受益人的约定，在物业服务合同的框架下赋予个体业主的受益权、知情权、监督权，从而在保持既有物业管理制度整体稳定的前提下，促进物业管理活动公开透明，进而推动小区治理改良。

乔丽楠：请问信托制物业运营的灵感来源于哪里呢？

李济舟：实际上，信托制物业在北京很早就有过一个尝试，但是影响力较小，成都社区发展治理的实践把它进行了提炼和深化。它把信托理念引入物业服务和小区治理这个领域。

乔丽楠：信托制物业的主要出发点和构想是什么？

李济舟：当时我们做信托制物业的想法是把业主大会作为信托委托人，授权业委会去选聘物业服务企业。物业企业作为信托关系中的受托人，业主作为信托物业中的受益人，基于这一信托框架保证单个业主的权利，更加有效地制衡物业公司。但这仅仅是一个构想，在实际的法律法规和操作层面不可能直接把信托法的法条用于物业过程。因此，在信托制物业的推行过程中我们也考虑探索物业费或者小区公共收益，以信托的方式进入社区基金会，但后来我们在实际操作中明确了操作与现行的法律法规存在冲突，于是就放弃了。

乔丽楠：现在信托制物业的运营思路和模式是什么？

李济舟：现在我们对信托物业的定义实际上强调的是信托理念，就是立足信托理念，针对小区治理不健全、物业纠纷频发的现象，通过开放式预算服务流程、财务全透明全公开的方式去重建"业委会、物业公司、物业服务企业"三方的信义关系，实际上就是通过诚实信用营造一种全公开、全透明的小区治理场景。

简单来说，信托制物业就像社区社会组织在开展项目一样，物业公司根据信托规则领取固定的酬金。这个酬金数额不大，因为它是按照社会企业的标准确定的，比如在8%~15%这样的一个区间，除此之外所有的资金全部归小区所有。对物业公司所有的单方承诺，每个业主都可以去查阅、复制、抄录与小区所有物业服务相关的票据等财务信息。

乔丽楠：信托制物业在实际运营中的最大困难是什么？

李济舟：在实际推行过程中，遇到的最大困难就是物业公司的资金收益降低了，积极性不足。信托制物业不仅是物业管理的问题，还是社区治理的问题，实际上是要求物业公司回归它的服务本源，而不是通过逐利来体现它的价值。物业公司要体现社会责任，天然就应该具有社会企业的属性。然而，很多大的物业公司出于商业利益考虑，不太愿意推行信托制物业。目前，信托制物业的实践更多是在小区物业机制不健全的老旧小区进行。

所以，在信托制物业推行的过程当中，各方面都会遇到阻力，因为与传统物业服务行业的利润空间相差太大。信托制物业的模式要求它们像非营利组织甚至是慈善组织一样开展工作，这绝对是很大的挑战和考验。

乔丽楠：信托制物业进一步的发展方向是什么？

李济舟：未来，信托制物业进一步的拓展就是真正和信托公司合作，推动信托制物业的2.0版本。这个操作模式实际上就是物业公司做小区的物业服务，信托公司进入来做小区的资产保值增值和管理，这就是真正的信托，而不只是信托理念。2.0版本的信托制物业将采取双受托人的模式或者转委托的模式，从信托理念落地为实际的信托实践。

乔丽楠：目前，成都正在大力开展社区治理创新工作，形成了比较完善的政策体系与治理网络。您认为对基金会的工作产生积极影响的政策有哪些，它们又是如何发挥作用的？

李济舟：成都的社区基金会跟其他地方差别较大。成都的社区基金会政策引导比较强，我们跟社治委打组合拳，社治委"自上而下"地推动社区发展治理，基金会"自下而上"地进行协同配合，使公益慈善不断融入社区发展治理中。目前，成都关于社区基金、社区社会企业的相关政策对基金会的发展还是比较有利的。

乔丽楠：回望组织发展历程，请问武侯社区发展基金会成立以来对组织战略是怎样规划的？

李济舟：我个人认为，基金会的战略规划不是从一开始就做好的，因为那会有点"拍脑袋"。我们是地域性的基金会，很多时候需要涉及社区治理方方面面的问题，很难直接从一开始就做好整个战略规划。因此，最重要的就是在基金会平稳运行两到三年以后，真正去把前面的问题梳理、总结出来，未来再去完成进一步的战略规划。

我们今年会参与基金会等级评估，如果顺利拿到 3A 等级以上，我们就会去申请公开募捐资格，拿到公募资格之后，则会邀请专业的团队来为我们制定战略规划。

乔丽楠：那您认为社区基金会的角色定位和发展方向是什么样的？

李济舟：从个体的基金会视角来看，我个人认为社区基金会有它独特的价值，而且它的价值实际上还没有完全显现出来。从中央强调慈善的第三次分配作用来说，社区基金会的定位其实已经非常明确，社区基金会就是基层治理的协作载体。社区基金会在社区中主要负有四重使命，即支持社区公益事业的"造血者"、培育社区社会资本的"动员者"、促进居民参与社区公共事务并鼓励居民维护社区共享权益的"推动者"、协调利益相关者潜在冲突并有效满足社区需求的"协调者"。

乔丽楠：武侯社区发展基金会为社区治理创新提供了有益启示，既发挥了社区社会组织的在地赋能作用，同时也作为社区治理创新和协同治理的公益载体。感谢信义治理下多元共创、专业高效的武侯社区发展基金会为我们分享经验，也感谢您接受《中国社会组织研究》的访谈，以后保持交流！

李济舟：感谢研究团队对社区基金会议题的关注，也欢迎团队随时来武侯社区发展基金会现场调研，以后常联系！

培育社会企业、解决社会问题的积极行动者

——阿育王基金会的经验借鉴

张文娟[*]

摘　要：阿育王基金会是享誉全球的社会组织，其致力于推动全球社会企业的蓬勃发展。本文通过收集阿育王基金会的媒体报道、创始人访谈与演讲资料、相关研究报告等多重来源的信息，梳理总结阿育王基金会的起源与使命、发展趋势及知名项目的运作情况等内容。在对阿育王基金会的发展过程和运作情况的研究基础上，本文尝试结合阿育王基金会的发展实践，为中国社会组织的发展提供发展启示和经验借鉴。

关键词：阿育王基金会　社会企业　社会组织

阿育王基金会是一家致力于提升全球社会企业发展水平的社会组织，其长期投身于社会创业和社会服务领域，对许多国家的社会企业发展提供了丰富的经验借鉴。阿育王基金会在全球 90 多个国家培养出 3700 多名社会企业家，这些社会企业家致力于解决本国或全球最为棘手

---

* 张文娟，上海交通大学国际与公共事务学院博士研究生，主要从事公益慈善、比较公共政策方面的研究，E-mail: wz2151@ gmail. com。

的社会问题。上述社会企业家中有两位获得了诺贝尔奖，分别是致力于儿童拯救运动的印度诺贝尔和平奖获得者凯拉什·萨蒂亚尔希（Kailash Satyarthi）和孟加拉格拉明银行（Grameen Bank）的创立者穆罕默德·尤努斯（Muhammad Yunus）。阿育王基金会在社会企业领域的长期耕耘及其取得的突出成绩使社会企业和社会企业家的概念开始在全球广泛流行。阿育王基金会注册于美国弗吉尼亚州的阿灵顿。作为一家非营利组织，阿育王基金会的捐赠者主要包括个人、企业和慈善基金会。阿育王基金会在社会创业领域坚持"发展社会创业必须培养人才"的发展理念，通过对社会企业家的培育发展提升社会企业的发展水平，发现并寻找有效的方案解决社会问题。

一　阿育王基金会的起源与使命

阿育王基金会的创始者是一位美国人，但基金会以印度国王阿育王的名字命名。对于基金会名称的渊源，创始人德雷顿先生做了详细介绍。德雷顿在少年时期就希望可以前往东亚、南亚及西亚等地区，了解这些地区的风土人情。当德雷顿 18 岁时，他与朋友前往印度游历，在游历过程中深刻体会到印度人的热情好客。德雷顿在印度游历期间发现，印度国民间存在巨大的收入差距，其可能引发严重的社会问题，并在后续的学习和工作中始终坚持思考如何解决这一问题。1980 年，德雷顿萌生了创建一家基金会的想法，并将基金会的使命聚焦培养社会企业家。为基金会取名时，他想到了阿育王这位在印度历史上采用非暴力方式解决社会问题的代表，决定将基金会命名为阿育王基金会。阿育王在统一王国后，为战争造成的灾难忏悔不已，遂皈依佛教，推动宗教与哲学包容，积极传播佛教，是印度历史上非常受人敬仰的一代国王。此外，阿育王还是一位非常有远见和创新性想法的帝王，他统一了印度的民事和法律规范，并且创新性地推动了印度社会和经济的发展（Sen，2007）。因此，阿育王基金会希望借鉴阿育王所代表的印度文化中非暴力与包容性智慧，通过培养优秀的社会企业家来推动社会问题的解决。

德雷顿认为，社会需要创新。创新需要有大而好的想法，并且要有合适的人将其变为现实。这些有好想法且能将想法付诸实践的人，就是他提出的社会企业家。他认为，创立了术后照顾护士制度的南丁格尔和创新了为穷人提供小额贷款的尤努斯都是社会企业家的代表，他们对人类做出了卓越的贡献。阿育王基金会发现，现有社会领域的创新水平仍然较低。造成这一问题的主要原因是社会领域过度依赖政府或基金会的资助，很难实现创新理念与社会领域的有机结合。

德雷顿认为，社会企业家是打破惯性思维、创新思想理念的人，他们从内心出发、希望为人类的美好生活而努力。随着实践的深入，阿育王基金会将"发现和培养社会企业家"的使命拓展为"发现并支持世界上社会企业家领导者，从他们的创新行动中总结规律，以建立一个人人都是创变者的世界"。德雷顿认为，每个人都希望生活在一个幸福而又健康的社会中，每个人都应当既有意愿也有能力成为社会问题的解决者。阿育王基金会培养的社会企业家长期致力于社会创新事业，社会企业家的实践进一步推动了"人人都是改变者"这一目标的实现。

二　在研判社会变化趋势中发展

阿育王基金会在培养社会企业家的过程中重视对社会变化趋势的考察和研判。作为阿育王基金会的创始人，德雷顿本身就是一位拥有诸多创意想法的人。德雷顿于1943年出生在纽约，上高中时在菲利普学院创建了"亚洲学会"，在哈佛读本科时创建了"阿育王圆桌会议"，在耶鲁读法学院时创立了"耶鲁立法服务社团"。他在1985年获得麦克阿瑟天才奖，2005年被《美国新闻与世界报道》评为"美国25位最佳领导人"之一。在他的领导下，阿育王基金会将社会企业家的理念变为主流，他们在"人人都是创变者"的理念感召下，不断丰富项目的开展范围、形式及内容。

从 1981 年开始，阿育王基金会首先在印度开始了社会企业家的发现与支持工作。在 1985 年德雷顿获得麦克阿斯天才奖之后，他正式全职投入阿育王基金会的组织建设工作，1986 年开始在巴西发现和支持社会企业家的发展，一年后扩展到墨西哥、孟加拉国和尼泊尔。阿育王基金会也于 1987 年在美国正式注册。截至 1988 年，阿育王基金会已经在四个国家发现和支持了 100 名社会企业家，并在当年成立了社会企业家支持系统，鼓励不同地域的社会企业家相互支持与学习，建立了全世界第一个社会企业家领导者的专业支持网络。20 世纪 90 年代，阿育王基金会的业务工作拓展到亚洲、欧洲、非洲、南美洲的更多国家。1996 年，阿育王基金会与麦肯锡公司合作在巴西圣保罗设立了"阿育王 – 麦肯锡社会企业家中心"，这一中心不仅将帮助阿育王基金会学习如何与商业领域合作，也将帮助麦肯锡公司建立社会创业实践咨询业务。与此同时，阿育王基金会意识到，这种改变的意识和能力应该从年轻人开始培养，于是在 1996 年发起了"青年创业者"项目。到 20 世纪 90 年代后期，在阿育王基金会的推动下，社会企业已经成为美国及其他部分国家的商学院及公共政策学院的重要学科建设内容之一。从 2005 年开始，阿育王基金会将项目重心转向"人人都是创变者"的目标，如 2008 年开始与高等教育机构合作推出了阿育王大学项目（Ashoka U），帮助有创意的学生、老师和社区领导在高等教育机构中孵化社会创新理念。2012 年阿育王基金会推出了改变者学校项目（changemaker school program），与全球的中小学合作，在中小学生培养与测评中强调同理心、团队合作、领导力、问题解决及推动改变的意识和能力。总体来看，阿育王基金会的发展可划分为两个阶段：1980 年至 2000 年初，其主要关注点是领军型社会企业家的发现和孵化；2000 年至今，在继续发现和培养领军型社会企业家的同时，开始将领军型社会企业家所探索出的新思维、新理念、新方法予以应用，通过与高等教育机构、中小学等合作，拓展到全球不同社区，以为"人人都是创变者"赋能。为了让团队有引领变化和拥抱变化的能力，阿育王基金会在员工的聘用中也非常注重"创业者"潜质。德雷顿强调，阿育王基金会的核心目标群体是商业社会领域的创业者。

德雷顿强调，我们正生活在一个历史的转折点，在过去的300年间，社会变化的速度与人类联系的广度呈指数式增长，世界的定义正从"重复性"转向"变化性"。当前社会正变得日趋不平等，这种不平等是由适用和参与社会改变的能力不同造成的。这种不平等不仅造成了经济的不平等，还造成了人类的分裂与对立。为培养改变世界的能力，我们应该建立一种新的框架：一是从青少年时期就开始培养同理心，也即对别人痛苦的感知力及有意识与别人合作解决问题的能力；二是对复杂团队的管理能力，要建立流动性团队，鼓励不同团队间相互分享新的经验教训，及时开展跨团队合作；三是建立新型领导力框架的能力，预判新的发展机会、及时招募优秀人员，建立起团队合作框架；四是对外来变化规律的预判能力，领导者及时发现需求和机会，提升组织的行动能力。

三　领军型社会企业家项目的运作逻辑

领军型社会企业家项目是阿育王基金会最早开展的项目，也是其长期投入的旗舰项目。阿育王基金会已经在教育、健康、环境、经济发展、人权和公民参与领域建立了孵化领军型社会企业家的核心能力和核心资源。阿育王基金会根据社会企业家解决社会问题的生命周期特征，在不同阶段对社会企业家给予关键性的支持。对于入选阿育王基金会的领军型社会企业家，阿育王基金会在其开展工作的最初三年内提供资金支持，并邀请其他已接受资助的社会企业家分享经验教训。在社会企业进入规模化发展的阶段，阿育王基金会将与其商业合作伙伴一起，为社会企业家提供行动框架、合作机制及其他需求的咨询服务。

阿育王基金会认为，社会企业家跟商业领域的企业家一样，需要具

备基本的潜质，包括愿景、创造力、务实性、创新性和意志力。除一般
性条件外，社会企业家还要具备以下特殊条件：（1）对社会问题的解
决有新的方案；（2）对新方案的执行具有清晰的思路，可能带来全球
性的影响；（3）既关注社会问题的解决，也尝试对问题背后的制度因
素产生影响。阿育王基金会对领军型社会企业家有严格的选拔标准和
程序，并向被选拔的领军型社会企业家提供长期的咨询和扶持服务。

阿育王基金会对社会企业家的选择程序有严格的规定，具体包括
四个环节。第一个环节是提名，阿育王基金会的专家库成员负责发现、
筛查并提名有潜质的社会企业家。第二个环节是首轮面试，由阿育王基
金会的国别代表对申请者进行考察。国别代表开展现场走访及核查，形
成对申请者的初步画像，判断其是否符合进入下一轮面试的条件。第三
个环节是对申请者进行观点面试，一般由阿育王基金会的资深国际项
目官员对申请者进行面试。在面试过程中，面试官会仔细阅读国别代表
对申请者的画像内容及推荐语，然后开展有针对性的深度访谈。这一面
试环节一般持续 4~7 个小时，入选者进入下一环节。第四个环节是由
社会企业家和商业企业家共同组成的面试组面试，他们讨论每位候选
人的具体情况，最终达成一致并选出所有可推荐的候选人。正是因为有
严格的选拔程序，阿育王基金会孵化的社会企业家在入选后很容易成
为行业内的领军人才。

四 对我国社会组织发展的启示

阿育王基金会的发展历程及行动策略对我国社会组织的发展具有启
示意义。总体来看，阿育王基金会的经验启示包括以下三个方面的内容。

第一，领军型社会问题解决者的培养是基础。领军型社会问题解决
者的发现和培养，对解决社会问题具有重要意义。阿育王基金会培养了
近 4000 名领军型社会企业家，他们相互学习、相互启发，为阿育王基
金会和其他社会改革者提供了研判形势的前沿信息。另外，这些社会企

业家创造了许多平台来带动社会公众参与社会问题的解决，从而推动"人人都是创变者"这一目标的实现。

第二，社会组织需要及时学习商业领域的有益知识和经验。阿育王基金会对社会趋势的发展具有敏锐的预判力，能够根据社会发展趋势及时调整发展方向。阿育王基金会非常重视与企业的合作，如 1996 年与麦肯锡公司在巴西圣保罗设立阿育王 - 麦肯锡社会企业中心，也包括联合麦肯锡、伟达公共关系公司等为社会企业家提供咨询服务。

第三，社会组织的国际化发展是提升组织能力的重要路径。作为最大的发展中国家，中国希望通过发展社会组织进一步提升治理能力，满足社会日益增长的复杂而多元的需求。经过 40 多年改革开放的积累，中国社会组织的数量得到快速增长，但其在国际舞台上的功能角色仍然较为有限。从阿育王基金会的发展过程来看，社会组织的国际化建设可以使其汲取不同文明形态下的精华，并能立足于全球视角提出解决社会问题的思路。

【参考文献】

Sen，Pritha. 2007. "Ashoka's BigIdea：Transforming the World through Social Entrepreneurship." *Futures* 39（5）：534 – 553.

致　谢

　　李健（中央民族大学）、纪莺莺（上海大学）、陶传进（北京师范大学）、王筱昀（中国人民大学）、叶托（华南理工大学）、章高荣（华东政法大学）、张冉（华东师范大学）为《中国社会组织研究》第23卷进行匿名评审，对他（她）们辛勤、负责的工作表示衷心的感谢！

CHINA SOCIAL ORGANIZAYTION RESEARCH

Vol. 24 （2022）

Table of Contents & Abstracts

ARTICLES

Research on the Effectiveness Dilemma and Strategy of Youth Fans Participating in Voluntary Service from the Perspective of "Three Circles Theory"

Shi Congmei   Ji Rong / 1

Abstract: Young fans' participation in public welfare is not only a prerequisite for promoting "fan public welfare", but also an intrinsic motivation for deepening the development of "fan public welfare". At present, "fan philanthropy" mainly faces the difficulties of questionable motivation, insufficient stickiness and lack of professionalism. In this paper, we try to analyze "fan philanthropy" from three aspects: value, ability and support. The key factors limiting the effectiveness of "fan philanthropy" participation are the conflict between young fans' motivation and social consensus, the lack of management methods and skills, the weak innovation ability, and the lack of social power embedding. The study proposes to enhance the common value of young fans, promote the management and innovation ability, and actively seek the support of various social forces through three aspects: embedding activation, selective absorption and moderate control.

Keywords: three circles theory; youth fans; fan philanthropy

The Three Forces Mechanism and Governance Enlightenment of College Students' Volunteer Service

Liu Yana   Tan Xiaoting / 22

Abstract: Efficient and sustainable supply of volunteer services is one of the important guarantees for the success of the Olympic Games and other events. In the process of volunteering service supply, university student volunteers show their historical mission and responsibility, their spirit and comprehensive ability. In this paper, we interviewed 50 typical volunteers of the "Bird's Nest Generation" and conducted qualitative research based on rooted theory to refine the three force mechanisms of university student volunteerism: motivation mechanism is the base and starting point, which is the foundation and necessary precondition for the occurrence of ability mechanism; ability is the key core, The guarantee mechanism is an important support for the capability mechanism, providing a strong guarantee for the realization of good services, and playing a regulatory role in the system functions. The mechanism of guaranteeing power is an important support for the mechanism of ability, which provides strong guaranteeing power and regulation of system function for the realization of good service. The development of volunteer service governance system needs to uphold the values of openness and inclusiveness, volunteer culture heritage and public spirit promotion, and social participation, etc. ; improve the internal and external system organic synergistic governance element system with solid power source, comprehensive ability, and effective guarantee of volunteer service, as well as the operation mechanism of multiple subjects participation, three forces synergy, and whole process dynamic improvement.

Keywords: college volunteers; volunteerism; three-force mechanism; philanthropy

The Current Situation of Charitable Giving Motivation and its Influencing Factors—Statistical Analysis Based on 926 Questionnaires

Li Xiyan   Zhang Dong / 46

Abstract: Motivation for donation is a key factor influencing donation behavior, and effective motivation for charitable donation is needed to promote charitable donation. Based on the hypothesis of pure altruistic motivation, material benefit motivation, spiritual benefit motivation and social benefit motivation, this study identifies the current situation of residents'charitable donating motivation and the influencing factors based on the empirical analysis of 926 questionnaire data. This paper finds that people's current motivations for donation are multiple, with purely altruistic and non-altruistic motivations coexisting, and there is a significant positive correlation. There are significant differences in the influencing factors of different types of charitable donating motivation, and the same influencing factor has a significant difference on different types of donating motivation. In terms of gender, women have higher motivation for purely altruistic, material benefit and spiritual benefit donation; there is no significant gender difference in the social benefit motivation. In terms of age, age was not significantly related to purely altruistic motivation and was negatively related to non-altruistic motivation. In terms of education level, those with specialist degrees had higher levels of pure altruism and social interest motivation. In terms of family income, family income was significantly and positively related to the motivation for material and spiritual benefits, and was not related to the motivation to donate for purely altruistic and social benefits. Therefore, motivating charitable donation motivation needs to fully consider the material benefit, spiritual benefit and social benefit motivations of different groups and focus on group differences in order to achieve precise motivation for charitable donation.

Keywords: charitable donation; donation motivation; donation behavior; precision motivation

Regional Ecology and Functional Turning of Social Organisation Cultivation——Analysis in the Comparative Perspective of the Pearl River Delta Region (2010 – 2020)

Zhou Runan　Li Minrui　Huo Yingze / 68

Abstract: Social organizations are one of the important subjects involved in social governance innovation. Guided by the analytical framework of state-society relationship, it has become a reform consensus that social organizations are supported and nurtured by government policies to provide specialized services to respond to social needs. Various "social organization cultivation bases" led by different party and government departments and operated by multiple actors have become an important tool for the party and government to cultivate social organizations. This paper reviews the phased development of social organization incubation bases in the PRD region during the decade (2010 – 2020), taking Guangzhou, Shenzhen, and Shunde as examples, and shows that the social organization incubation bases built by civil affairs, political and legal committees (social work committees), and group organizations have different initiation, operation subjects, and cultivation goals, and have shifted accordingly in the context of national policy changes and administrative system reforms. In the context of national policy changes and administrative system reforms, the social organization incubation bases have shifted accordingly, proposing diversified social organization incubation paths and their similarities and differences in a typological sense, and offering an outlook on the future direction of social organization incubation.

Keywords: social organization cultivation; regional ecology; state and society; Pearl River Delta region

Analysis of Factors Influencing the Quality of Foundations' Information Disclosure—Based on the Empirical Test of Shandong Foundations

Wang Xin   Song Lizhu   Wu Yao / 92

Abstract: The quality of foundations' information disclosure is a key element to protect the interests of donors and maintain the healthy development of the charity field. Based on the annual reports of 101 foundations in Shandong Province from 2016 to 2020, the relationship with the quality of foundations' information disclosure was investigated from three aspects of organizational characteristics, organizational activities and organizational governance. It was found that the number of full-time staffs and the establishment of CPC organizations had a significant positive effect on the quality of foundations' information disclosure; the proportion of expenditure on charity projects and management expenses, and the size of the director boards and supervisory boards had a negative but insignificant impact on the quality of information disclosure. Improving the quality of information disclosure not only ensures the rapid and steady development of philanthropic organizations, but also protects the interests of investors. Therefore, it is necessary to continuously strengthen the party building work of foundations, to improve the internal governance structure, and to enhance the cultivation and capacity of foundation professionals. Then improve the management efficiency of foundations and continue to strengthen the supervision of foundations.

Keywords: philanthropic organization; foundation; quality of information disclosure

Research on the Mode and Mechanism of Social Impact Investment from the Perspective of Collaborative Governance Theory——Based on the Investigation of Multiple Cases

Wu Jing / 119

Abstract: As a tool innovation in social governance, impact investment is a new form of investment that uses business tools to create positive effects that benefit society and the environment and efficiently solve social problems. Based on cooperative governance theory, a multi-case comparative study is used to classify the models of impact investment into government-led model, social organization-led model and business-led model. The three models have different characteristics in terms of investment motivation mechanism, resource allocation mechanism and subject cooperation mechanism, and have different conditions of application and potential risks in the individual organizational dimension and ecosystem dimension, which have different effects on the development of impact investment. The social organization-led model and the business-led model are more conducive to the benign development of impact investment.

Keywords: impact investment; cooperative governance; investment motivation; resource allocation

The Development Strategy and Reform Path of the Mass Organizations in China——Based on the Case Analysis of S Provincial Law Society

Cao Jinrong / 140

Abstract: The development of group organizations is an important way to promote the modernization of the national governance system. Examining the development path of the group organization in the context of group reform, we should return to the specific practice of the group organization. This article takes the "third domain" and "internal organization" as the analytical framework, and selects the S Provincial Law Society as the case study object. It is found that the group organization has experienced "nationalization", "denationalization" and then "returning to the standard". In the self-exploration stage, and gradually clarify the development direction, return to members, and contact the masses to tap their own advantages and seek development. Research believes that in the new era, the development of group organizations in China should return to "mass nature", strengthen their own strength through members, build development platforms with the help of grassroots organizations, and practice "political nature" through enriching mass activities, thereby enhancing "advanced nature". Responding to the proposition of the times.

Key words: mass organizations; law societies, co-building organizations

BOOK REVIEW

INTERVIEWS

INTRODUCTION OF RESEARCH INSTITUTION OVERSEAS

稿约及体例

《中国社会组织研究》（China Social Organization Research）由上海交通大学国际与公共事务学院、上海交通大学中国公益发展研究院、上海交通大学第三部门研究中心主办，上海交通大学中国公益发展研究院院长、上海交通大学第三部门研究中心主任徐家良教授担任主编，是社会科学文献出版社出版的CSSCI来源集刊，每年出版2卷，第1卷（2011年6月）、第2卷（2011年11月）、第3卷（2012年6月）、第4卷（2012年12月）、第5卷（2013年8月）、第6卷（2013年12月）、第7卷（2014年6月）、第8卷（2014年12月）由上海交通大学出版社公开出版。从第9卷开始由社会科学文献出版社出版，现已经出版到23卷（2022年6月）。

本刊的研究对象为社会组织，以建构中国社会组织发展的理论和关注现实问题为己任，着力打造社会组织研究的交流平台。本刊主张学术自由，坚持学术规范，突出原创精神，注重定量和定性的实证研究方法，提倡建设性的学术对话，致力于提升社会组织研究的质量。现诚邀社会各界不吝赐稿，共同推动中国社会组织研究的发展。

《中国社会组织研究》设立四个栏目："主题论文"、"书评"、"访谈录"、"域外见闻"。"主题论文"栏目发表原创性的理论和实证研究文章；"书评"栏目发表有关社会组织重要学术专著评述的文章；"访谈录"栏目介绍资深学者或实务工作者的人生经历，记录学者或实务工作者体验社会组织研究和实践活动的感悟。"域外见闻"栏目介绍境外社会组织研究机构和研究成果。

《中国社会组织研究》采用匿名审稿制度，以质取文，只刊登尚未公开发表的文章。

来稿请注意以下格式要求：

一、学术规范

来稿必须遵循国际公认的学术规范，类目完整，按顺序包括：中英文标题、作者姓名、工作单位和联系方式、中英文摘要及关键词、正文、引注和参考文献。

（一）标题不超过 20 字，必要时可增加副标题。

（二）作者：多位作者用空格分隔，在篇首页用脚注注明作者简介，包括工作单位、职称、博士学位授予学校、博士学位专业、研究领域、电子邮箱。

（三）摘要：简明扼要提出论文的研究方法、研究发现和主要创新点，一般不超过 300 字。

（四）关键词：3—5 个，关键词用分号隔开。

（五）正文：论文在 8000—15000 字，书评、访谈录、域外见闻 2000—8000 字。

（六）作者的说明和注释采用脚注的方式，序号一律采用"①、②、③……"，每页重新编号。引用采用文内注，在引文后加括号注明作者、出版年份，如原文直接引用则必须注明页码，详细文献出处作为参考文献列于文后，以作者、书（或文章）名、出版单位（或期刊名）、出版年份（期刊的卷期）、页码排序。文献按作者姓氏的第一个字母依 A-Z 顺序分中、英文两部分排列，中文文献在前，英文文献在后。作者自己的说明放在当页脚注。

（七）数字：公历纪元、年代、年月日、时间用阿拉伯数字；统计表、统计图或其他示意图等，也用阿拉伯数字连续编号，并注明图、表名称；表号及表题须标注于表的上方，图号及图题须标注于图的下方，例："表 1……"、"图 1……"等；"注"须标注于图表下方，以句号结尾；"资料来源"须标注于"注"的下方。

（八）来稿中出现外国人名时，一律按商务印书馆出版的《英文姓名译名手册》翻译，并在第一次出现时用圆括号附原文，以后出现时不再附原文。

二、资助来源

稿件如获基金、项目资助，请在首页脚注注明项目名称、来源与编号。

三、权利与责任

（一）请勿一稿数投。投稿在 2 个月之内会收到审稿意见。

（二）文章一经发表，版权即归本刊所有。凡涉及国内外版权问题，均遵照《中华人民共和国著作权法》及有关国际法规执行。

（三）本刊刊登的所有文章，如果要转载、摘发、翻译、拍照、复印等，请与本刊联系，并须得到书面许可。本刊保留法律追究的一切权利。

四、投稿

《中国社会组织研究》随时接受投稿，来稿请自备副本，一经录用，概不退稿。正式出版后，即送作者当辑集刊 2 册。期刊已采用线上投稿系统，具体可以登录 dsbm. cbpt. cnki. net 进行投稿操作（如有问题，请联系邮箱 cts@ sjtu. edu. cn）。

五、文献征引规范

为保护著作权、版权，投稿文章如有征引他人文献，必须注明出处。凡投稿者因违反法律法规规定或其他原因导致的知识产权、其他纠纷等问题，本刊保留法律追究和起诉的权利。本书遵循如下文中夹注和参考文献格式规范。

（一）文中夹注格式示例

（周雪光，2005）；（科尔曼，1990：52～58）；（Sugden，1986）；

（Barzel，1997：3 - 6）。

（二）中文参考文献格式示例

曹正汉，2008，《产权的社会建构逻辑——从博弈论的观点评中国社会学家的产权研究》，《社会学研究》第 1 期，第 200～216 页。

朱晓阳，2008，《面向"法律的语言混乱"》，中央民族大学出版社。

詹姆斯·科尔曼，1990，《社会理论的基础》，邓方译，社会科学文献出版社。

阿尔多·贝特鲁奇，2001，《罗马自起源到共和末期的土地法制概览》，载徐国栋主编《罗马法与现代民法》（第 2 卷），中国法制出版社。

（三）英文参考文献格式示例

North，D. and Robert Thomas. 1971. "The Rise and Fallof the Manorial System：A Theoretical Model." *The Journal of Economic History*，31（4），777 - 803.

Coase，R. 1988. *The Firm*，*the Market*，*and the Law*. Chicago：Chicago University Press.

Nee，V. andSijinSu. 1996. "Institutions，Social Ties，and Commitmentin China's Corporatist Transformation." In Mc Millan J. and B. Naughton（eds.），*Reforming Asian Socialism*：*The Growth of Market Institutions*. Ann Arbor：The University of Michigan Press.

六、《中国社会组织研究》联系地址方式

上海市徐汇区华山路 1954 号

上海交通大学徐汇校区新建楼 123 室

上海交通大学中国公益发展研究院

上海交通大学第三部门研究中心

邮编：200030 电话：021 - 62932258

联系人：季曦 手机：15371996385

图书在版编目(CIP)数据

中国社会组织研究. 第 24 卷 / 徐家良主编. —— 北京:
社会科学文献出版社, 2022.12
ISBN 978 - 7 - 5228 - 1130 - 7

Ⅰ.①中… Ⅱ.①徐… Ⅲ.①社会团体 - 研究 - 中国
Ⅳ.①C232

中国版本图书馆 CIP 数据核字(2022)第 215494 号

中国社会组织研究 第 24 卷

主 编 / 徐家良

出 版 人 / 王利民
组稿编辑 / 杨桂凤
责任编辑 / 孟宁宁
责任印制 / 王京美

出   版 / 社会科学文献出版社·群学出版分社 (010) 59366453
        地址:北京市北三环中路甲 29 号院华龙大厦 邮编:100029
        网址:www.ssap.com.cn
发   行 / 社会科学文献出版社 (010) 59367028
印   装 / 唐山玺诚印务有限公司

规   格 / 开 本:787mm × 1092mm 1/16
        印 张:14.25 字 数:196 千字
版   次 / 2022 年 12 月第 1 版 2022 年 12 月第 1 次印刷
书   号 / ISBN 978 - 7 - 5228 - 1130 - 7
定   价 / 98.00 元

读者服务电话:4008918866